LES LIVRES CLASSIQUES

DE L'EMPIRE

DE LA CHINE,

RECUEILLIS

PAR LE PERE NOEL;

PRÉCÉDÉS

d'Observations sur l'origine, la nature et le progrès de la philosophie morale et politique dans cet empire.

TOME SEPTIEME.

A PARIS,

Chez DE BURE, BARROIS aîné et BARROIS jeune, quai des Augustins.

M. DCC. LXXXVI.

LE CINQUIEME LIVRE

CLASSIQUE,

NOMMÉ

LE LIVRE

DE LA PIÉTÉ FILIALE.

Ce septieme volume renferme le livre de la piété filiale & celui de l'école des enfants.

Le livre de la piété filiale, nommé en chinois *Hiao-king*, est un recueil des réponses que Confucius fit aux questions de son disciple Tsem, ou Tseng-Tsée, sur la piété filiale. Cet ouvrage est concis & profond ; il explique tous les devoirs de la piété filiale, & en fait voir la liaison intime avec le bonheur des peres & des enfants, avec la prospérité de l'état, avec la confervation de la fubordination dans l'empire.

L'école des enfants, en chinois le *Siao-hio*, eft un livre compofé par le docteur Chu-Hi, ou Tchu-Hi, qui vivoit fous la famille de Song, c'eft-à-dire vers l'an 1150 de l'ere chrétienne.

Cet ouvrage eft intéreſsant par la nature des chofes qu'il traite & par l'ordre qui y regne, & l'on y trouve des détails curieux fur l'éducation domeftique & publique de la Chine.

Le but de l'auteur eft de maintenir les principes de cette éducation, & d'infpirer à la jeunefse l'amour des bonnes mœurs & le courage de réfifter aux mauvais exemples & aux pafsions ; pour cet effet il expofe, par rapport aux devoirs généraux & particuliers depuis l'empereur jufqu'au moindre des citoyens, les maximes des fages les plus refpectables anciens & modernes, & fait voir, par des traits éclatants de vertu, que tout le monde peut pratiquer la doctrine de ces grands hommes.

J'ai cru devoir retrancher dans cette traduction ce que l'on a vu dans les livres précédents, & qui n'étoit qu'une pure répétition : j'ai ufé de la même liberté pour les

chofes qui n'avoient rapport qu'à
des ufages ou à des faits particuliers à la Chine, & qui, n'ayant
point de liaifon nécefsaire à la morale & à la politique, ne pouvoient
intérefser des lecteurs étrangers à
la Chine.

LE LIVRE

DE

LA PIÉTÉ FILIALE.

CHAPITRE PREMIER.

CONFUCIUS, étant fans affaire & pour ainfi dire oifif chez lui, dit à Tfeng-Tfée : Savez-vous quelles furent la haute vertu & l'excellente doctrine par le moyen defquelles les anciens fouverains s'acquirent & conferverent fur les peuples une telle autorité, que leurs ordres ne rencontroient jamais de réſiſtance, & que l'on n'appercevoit dans tout l'empire ni colere, ni plaintes, ni querelles entre les ſupérieurs & les inférieurs ?

D'où pourrois-je le ſavoir ? dit Tſeng-Tſée en ſe levant par reſpect.

La piété, lui dit Confucius, eſt la baſe de toutes les vertus & le principe de toute bonne diſcipline. Aſſeyez-vous, je vais vous l'expliquer.

Le commencement de la piété filiale conſiſte à reſpecter & à conſerver dans toute leur intégrité & dans toute leur force le corps & les membres que l'on a reçus de ſes parents ; la perfection, à cultiver la vertu, à bien régler ſes mœurs, &

à mériter une réputation qui ho--
nore la mémoire de ſes parents. On
peut diſtinguer comme trois parties
dans la piété filiale : la premiere
renferme tout ce qui concerne les
devoirs de ſoumiſſion & d'amour
pour ſes parents ; la ſeconde, tout
ce qui a rapport au ſervice du roi ;
la troiſieme , tout ce qui conduit à
la perfection des mœurs. Le livre
des poéſies le dit : « Ne devez-
« vous pas penſer ſouvent à vos
« ancêtres & vous efforcer de faire
« revivre en vous leurs vertus ? »

CHAPITRE II.

Lorsqu'un empereur aime &
reſpecte tellement ſes parents qu'il

ne hait ou ne méprise personne
dans tout l'empire, son exemple &
sa vertu entraînent tous les peuples, & l'on ne voit personne qui
ose haïr ou mépriser ses parents.
Quoi de plus glorieux pour un empereur que de porter par son exemple tous les peuples à aimer leurs
parents, à les honorer, à s'occuper
de leur bonheur ? Le livre des annales le dit : « L'exemple d'un seul
« homme vertueux entraîne une
« infinité de peuples. »

CHAPITRE III.

Un roi possede une dignité éminente : mais s'il est sans orgueil,
quelque élevé qu'il soit, il ne tom-

bera pas ; si, au milieu des richesses & de l'abondance, il conserve la tempérance & l'honnéteté, il ne donnera point dans le luxe. Évitant ainsi l'orgueil, il pourra long-temps conserver sa dignité ; en se garantissant du luxe, il pourra conserver long-temps ses richesses : alors il pourra régner long-temps avec gloire, & rendre ses peuples heureux par leur concorde & par leur bienveillance réciproque. Voilà les effets de la piété filiale dans le roi, & c'est pour cela que le livre des poésies dit : « Craignez & soyez « sur vos gardes comme si vous « étiez sur le penchant d'un préci « pice, ou comme si vous marchiez « sur une glace mince. »

CHAPITRE IV.

Un premier ministre ne doit point s'écarter des loix des anciens empereurs, ni dans ses habits, ni dans ses discours, ni dans ses actions : alors, ni sa conduite, ni ses paroles, ni ses habits, ne font de son choix, & il ne peut encourir ni blâme, ni haine, ni reproche ; il peut conserver la salle de ses ancêtres ; & voilà la piété filiale qui convient au ministre. Voilà pourquoi le livre des poésies dit : « Ne « négligez en aucun temps le service de l'homme unique, c'est-« à-dire du roi. »

CHAPITRE V.

Un homme qui s'eſt élevé à une dignité par le moyen des lettres doit remplir les devoirs de la piété filiale envers ſon pere avec l'affection qu'il a pour ſa mere, ſervir le roi avec l'affection qu'il a pour ſon pere, & avoir pour lui le même reſpect : ainſi celui qui ſert le roi avec les ſentiments d'un fils pour ſon pere eſt un ſujet fidele ; celui qui obéit aux magiſtrats avec le reſpect d'un frere cadet pour ſes aînés eſt ſoumis. Un homme fidele & obéiſſant ne manque point dans ſon ſervice à ce qu'il doit à ſes ſupérieurs, & peut conſerver ſa dignité ; celui qui conferve fa dignité peut conferver le droit de faire avec plus de pompe & de folemnité les cérémonies de fes ancêtres : & voilà la piété filiale qui convient à l'homme de lettres. Le livre des poéfies le dit :

« Que la crainte de flétrir la mé-
« moire des auteurs de vos jours
« occupe les premieres penfées de
« votre réveil, & que le fommeil
« de la nuit ne vous les ôte pas. »

CHAPITRE VI.

NE négliger rien pour fe procurer dans toutes les faifons les productions que le ciel bienfaifant accorde aux hommes, les économifer avec fagefse pour nourrir fes parents, voilà certainement la piété filiale à laquelle le simple citoyen doit tendre, & la plus avantageuse pour son bonheur.

La piété filiale s'étend donc depuis l'empereur jusqu'au moindre des citoyens, & ses devoirs sont les mêmes pour tous. La différence des rangs ou des conditions n'en met point dans les obligations qu'elle impose ; elles sont les mêmes pour le premier & pour le dernier, & personne ne peut dire qu'il n'a pas la force de les remplir.

CHAPITRE VII.

OH ! que l'étendue de la piété filiale est vaste ! s'écria Tseng-Tsée.

Que la piété filiale, reprit Confucius, se propose pour modele la constante régularité des corps célestes, & pour but de procurer l'utilité de la terre & de régler les actions communes des hommes. En effet, l'homme, pour remplir les devoirs de la piété filiale, doit imiter la marche continuelle des astres & les différentes opérations utiles de la terre. La piété filiale est, par rapport à la société, ce que la constante régularité des mouvements célestes & l'inépuisable fécondité de la terre font par rapport à l'harmonie du monde. Les anciens empereurs, persuadés de cette vérité, crurent qu'ils n'avoient point de moyen plus sûr pour ramener les peuples à l'ordre & à la vertu que

de leur donner l'exemple de l'ob-
fervation des devoirs de la piété
filiale, & perfonne bientôt ne les
négligea dans tout l'empire.

Ils enfeignerent enfuite les principes de l'équité ; on écouta avec
emprefsement leur doctrine, & l'on
fut charmé de fa beauté : ils don-
nerent l'exemple de la déférence &
du refpect des freres cadets pour
leurs aînés, & l'on ne vit plus dans
l'empire ni rixes ni querelles : ils
établirent enfuite les rites & la mufique ; ils les obferverent, & la
concorde unit tous les citoyens : enfin ils décernerent des récompenfes
pour la vertu & des peines contre
le vice, & le peuple fe porta à la
vertu & évita le vice comme de lui-
même, & fans réfléchir ni fur les

peines, ni sur les récompenses, ni sur les loix.

Le livre des poésies dit : « Lors-« qu'Yu, ce premier ministre de « l'empire, recommandable par sa « dignité & par son autorité, pa-« rut, tous les peuples porterent « respectueusement sur lui leurs « regards timides. »

CHAPITRE VIII.

COMME les sages empereurs gouvernoient admirablement l'empire par le moyen de la piété filiale, ils n'osoient pas faire une réception peu honorable à l'envoyé du moindre des rois, ni à plus forte raison aux rois qui avoient le titre de de duc, de prince, de comte, de marquis ou de baron : tous les rois, touchés & gagnés par cette humanité, se rendoient avec plaisir à la cour de l'empereur pour les cérémonies que l'on célébroit en l'honneur des empereurs précédents.

Les rois, imitateurs fideles des empereurs, n'auroient pas osé mépriser dans leurs états une veuve ou un vieillard, ni à plus forte raison les hommes distingués par leurs lumieres ou par leur vertu : aussi leurs vassaux, gagnés par cette humanité, concouroient-ils volontiers & avec joie à ce que les rois faisoient pour honorer leurs ancêtres. Les préfets, imitateurs des rois, n'auroient pas osé manquer aux devoirs de l'urbanité envers le moindre de leurs domeſtiques, & à plus forte raiſon envers leurs femmes & leurs enfants ; & tous les domeſtiques, gagnés par cette urbanité, concouroient avec joie pour les cérémonies de leurs parents morts.

Par ce moyen, les peres & les meres vivoient dans la paix & dans le bonheur, & après leur mort on leur rendoit exactement tous les honneurs preſcrits par les rites. L'empire jouiſsoit d'une paix profonde ; il n'éprouvoit ni fléaux ni malheurs ; on n'y voyoit ni tumulte ni déſordre. Les ſages empereurs qui voudront gouverner l'empire par le moyen de la piété filiale, produiront toujours ces effets. Le livre des poéſies le dit : « Lorſqu'un « empereur s'éleve à une vertu

« éminente, tous les royaumes
« s'emprefsent de fe foumettre à
« lui, & lui obéifsent avec joie. »

CHAPITRE IX.

OSEROIS-JE vous demander, dit Tfeng-Tfée, s'il y a quelque vertu au-defsus de la piété filiale ?

Comme l'homme, répondit Confucius, eft ce qu'il y a de plus noble dans les productions du ciel & de la terre, de même la piété filiale eft ce qu'il y a de plus diftingué dans les œuvres de l'homme. Ce qu'il y a de plus relevé dans la piété filiale, eft le refpect ; & ce qu'il y a de plus fublime dans le refpect filial, c'eft de voir dans fon pere l'image du maître du ciel.

L'ufage de regarder fon pere comme l'afsocié ou comme l'afsefseur du maître du ciel commencé fous le prince Cheu-Kum, qui, en offrant un facrifice au maître du ciel, fit placer la tablette de fon pere à côté de la tablette du maître du ciel.

Aufsi tous les princes qui font entre les quatre mers s'emprefserent de fe rendre à cette folemnité, & d'en augmenter la pompe par leur préfence. Croyez-vous donc que l'on puifse defirer quelque chofe de plus que la piété filiale dans un homme accompli ?

Par fon refpect & par fon amour filial il enfeigne aux autres les devoirs du refpect & de l'amour filial. Ainfi un prince accompli peut, fans le fecours des châtiments & des menaces , imprimer dans le cœur de fes peuples les principes de la plus excellente difcipline, & produire les plus heureux effets d'un bon gouvernement, fans rigueur & fans violence. Tous ces effets naifsent de la piété comme de leur racine. Un pere eft par rapport à fon fils ce que le ciel eft par rapport à toutes les productions ; le pere eft le principe particulier du fils, comme le ciel eft le principe univerfel de tout ; & le fils eft par rapport à fon pere ce que le fujet eft par rapport à fon roi.

Les parents tiennent le premier lieu dans l'ordre des chofes qui contribuent à l'exiftence de l'homme , & leur gouvernement eſt le premier gouvernement auquel il ſoit ſoumis dans l'ordre de la nature. C'eſt donc une choſe contraire à la raiſon d'aimer les autres hommes & de ne pas aimer ſon pere & ſa mere , comme c'eſt une choſe contraire à l'honnêteté d'honorer les autres hommes & de n'honorer pas ſon pere & ſa mere.

Si un prince qui veut rendre ſes peuples ſoumis & dociles s'écarte de ces loix de l'honnêteté & de la raiſon, les peuples n'ont plus alors de regle ſur laquelle ils ſe dirigent, quand même le roi les aimeroit, parcequ'il anéantit la piété filiale; on lui ſait même peu de gré de gouverner ſon royaume tranquillement.

Il n'en est pas ainsi d'un prince sage : ses paroles ont toujours l'équité pour objet, & ses actions le bonheur de ses peuples pour but : on honore sa vertu, on imite ses actions, on révere ses manieres, on se propose son urbanité pour modele ; tant qu'il gouverne, les peuples le réverent, le chérissent & s'efforcent de lui resembler : ses enseignemens sur la vertu ont le plus heureux succès, & ses loix ne trouvent point d'opposition. Le livre des poésies le dit : « Oh! que la « probité de ce prince est excel- « lente! son honnêteté est sans ta- « che. »

CHAPITRE X.

Un fils qui a une vraie piété filiale témoigne toujours à ſes parents le plus profond reſpect, même dans l'intérieur de la maiſon ; il ne néglige rien pour leur procurer les aliments qui leur ſont agréables ; il eſt pénétré de douleur lorſqu'ils ſont malades ; il eſt dans la déſolation à leur mort ; il leur rend les devoirs funebres avec les témoignages les plus éclatants de reſpect & de vénération.

Ces cinq choſes renferment tous les devoirs de la piété filiale, & celui qui les remplit ne s'enorgueillit point lors même qu'il eſt élevé aux plus grandes dignités. Dans un état fubordonné il n'excite point de tumulte; & s'il eſt dans les dernieres claſses, il n'éleve point de querelles. Or celui qui s'enorgueillit de ſa dignité la perd & ſe perd lui-même : celui qui, dans un rang inférieur, cauſe du tumulte, s'expoſe à la rigueur des loix : l'homme du peuple qui éleve une querelle ſe fait empriſonner. Celui qui n'évite pas ces trois excès n'a point la piété filiale, quand même il nourriroit tous les jours ſes parents avec les viandes que l'on offre dans les grands ſacrifices.

CHAPITRE XI.

Il y a cinq fortes de fupplices pour trois mille efpeces de crimes; mais le plus grand de tous ces crimes eft le défaut de piété filiale. Attaquer le roi, c'eft ne vouloir point de fupérieur; rejetter les fages, c'eft ne vouloir point de maître; méprifer la piété filiale, c'eft ne vouloir point de pere & de mere: ces trois chofes font le grand chemin qui conduit à la confufion générale.

CHAPITRE XII.

Un roi qui aime ſes parents emploie le moyen le plus ſûr pour ſe faire aimer de ſes peuples : un roi qui révere ſes freres aînés emploie le moyen le plus ſûr pour faire reſpecter les magiſtrats : un roi qui a ſoin de bien régler la muſique emploie le meilleur moyen pour réformer les mœurs : un roi qui obſerve les rites emploie le meilleur moyen pour conſerver parmi ſes peuples la paix & la ſoumiſsion : or obſerver les rites n'eſt rien autre choſe qu'honorer les autres.

Ainſi, ſi l'empereur honore ſon pere, ſon frere aîné, un roi, alors tous ſes enfants, tous ſes freres cadets, tous ſes préfets, ſont contents: ainſi, en honorant une ſeule perſonne, l'empereur fait le bonheur d'une infinité d'hommes, & c'étoit à quoi ſe réduiſoit l'art de gouverner des anciens empereurs.

CHAPITRE XIII.

LORSQUE l'on dit qu'un empereur ſage enſeigne la piété filiale à ſes peuples, cela ne ſignifie pas qu'il va chaque jour en faire des leçons dans les maiſons, mais qu'en obſervant la piété filiale, en révérant ſon frere aîné, ſon exemple porte dans tout l'empire les enfants à aimer leurs peres & leurs meres,

& les freres cadets à révérer leurs freres aînés. Voilà pourquoi le livre des poéfies dit : « Un prince qui « peut renouveller les mœurs de fes « peuples eft véritablement leur « pere. »

Or quel autre qu'un prince d'une vertu éminente peut produire un aufsi grand effet ?

CHAPITRE XIV.

Le fage eft fidele aux devoirs de la piété envers fes pere & mere, & à ceux du refpect envers fes freres; il eft habile dans l'adminiftration de fa maifon. Il a donc une grande facilité à remplir fidèlement tout ce qu'il doit au roi & aux magif-

trats ; il peut appliquer au gouvernement du royaume l'habileté avec
laquelle il gouverne sa maison ; il
peut par ce moyen se faire une
grande réputation dans les siecles
à venir.

CHAPITRE XV.

JE comprends très bien, dit Tseng-
Tsée, comment on doit respecter,
aimer, chérir ses parents , les rendre heureux & les illustrer en se
faisant une grande réputation. Permettez que je vous demande encore si un fils qui obéit en tout à
son pere remplit les devoirs de la
piété filiale.

Que dites-vous là ? reprit Confucius. Autrefois l'empereur avoit sept moniteurs ; & quoiqu'il donnât dans de grands excès, il ne les portoit jamais jusqu'à perdre l'empire. Un roi avoit cinq moniteurs ; & quoiqu'il tombât dans le défordre, il ne le portoit cependant jamais jusqu'à perdre fon royaume. Un premier miniftre avoit trois moniteurs ; & quoiqu'il fe conduisît mal, cependant il n'arrivoit point à un déréglement qui lui fît perdre fa maifon. Un lettré avoit pour moniteur un ami, & par ce moyen il ne venoit jamais jufqu'à perdre fa réputation. Le pere avoit pour moniteur fon fils, & jamais il ne s'abandonnoit au crime.

Un fils doit avertir fon pere, & le miniftre fon roi, lorfqu'il com-

met une faute : comment donc un
fils rempliroit-il tous les devoirs
de la piété filiale en obéiſsant à
toutes les volontés de ſon pere ?

CHAPITRE XVI.

Autrefois les ſages empe-
reurs ſervoient leur pere comme
le ciel, voilà pourquoi ils ſervoient
le ciel avec tant d'intelligence; ils
ſervoient leur mere comme la terre,
& voilà pourquoi ils ſervoient la
terre avec tant de religion ; ils fai-
ſoient régner une bienveillance réciproque entre les parents plus âgés
& les moins âgés, voilà pourquoi
ils gouvernoient avec tant de facilité les ſupérieurs & les inférieurs.

Le ciel & la terre étant bien connus, l'esprit intelligent se manifestoit par ses effets.

Quoique l'empereur possede une dignité suprême, il y a cependant des supérieurs qu'il doit révérer, savoir, ses parents, ses oncles & ses freres ; son respect éclate dans le palais des ancêtres, afin que tout le monde sache qu'il n'oublie pas ses parents ; & il regle avec beaucoup de soin ses mœurs, dans la crainte de faire quelque outrage à ses prédécesseurs & à ses parents. Enfin l'effet de la piété filiale & du respect pour les freres aînés s'éleve jusqu'aux esprits intelligents, & s'étend dans tout l'empire ; & c'est ce que le livre des poésies dit de l'empereur Vu-Vam : « Du levant

« au couchant, du nord au midi,
« il n'y avoit pas de cœur qui ne
« se soumît à lui. »

CHAPITRE XVII.

Un sage, lorsqu'il est premier ministre, lorsqu'il se rend à la cour, ne pense qu'à y remplir ses devoirs ; lorsqu'il en sort, il ne songe qu'à corriger les fautes du roi, à réfréner ses vices, à imiter ses vertus : par ce moyen, le roi & le ministre sont unis par une bien-veillance mutuelle. Ainsi le livre des poésies dit de ce ministre : « Oh !
« qui pourroit exprimer toute l'é-
« tendue de sa tendresse ? quoi-
« qu'éloigné du prince, il le porte

« toujours dans son cœur ; & com-
« ment pourroit-il l'oublier ? »

CHAPITRE XVIII.

Enfin Confucius finit son en-
tretien en disant : Un fils obéis-
sant, lorsqu'il fait les funérailles
de ses parents , pleure : mais la
douleur ne lui permet pas de parler ; il remplit les devoirs de l'urbanité, mais sans agrément ; il parle,
mais sans élégance ; il ne peut sup-
porter la parure ; il entend la musique sans en sentir la beauté ; il
mange sans goûter les aliments :
tel doit être l'état de l'ame d'un fils
qui pleure son pere ou sa mere. Or
les loix & les rites des funérailles,

établis par les anciens sages, pref-
crivent au fils de manger au bout
de trois jours pour apprendre aux
peuples qu'il n'eft pas permis de
porter atteinte à fa propre vie pour
la mort d'un autre; qu'on peut ref-
sentir une douleur qui amaigrifse
le corps, mais qui ne le tue pas.
Ces mêmes rites défendent de porter le deuil plus de trois ans, pour
faire voir que les rites funebres
doivent avoir un terme fixe & une
fin.

Quant à la pompe funebre, on
prépare un cercueil, on enveloppe
le cadavre dans fes habits, on le
met dans le cercueil, on arrange
autour différents plats remplis d'a-
liments; on pleure, on gémit; on
tranfporte le corps mort, on l'ac-

compagne jufqu'à la fépulture, pour laquelle on choifit un lieu convenable pour y rendre aux morts au printemps & à l'automne les devoirs qu'on leur rendoit pendant la vie.

Un fils a donc rempli tous les devoirs de la piété filiale & obfervé exactement l'équité de la vie & de la mort, s'il a aimé & honoré fes parents pendant leur vie, s'il les a pleurés & regrettés fincèrement & amèrement après leur mort.

LE SIXIEME LIVRE

CLASSIQUE,

NOMMÉ

LE LIVRE

DE

L'ÉCOLE DES ENFANTS.

LE LIVRE
DE L'ÉCOLE
DES ENFANTS.

CHAPITRE PREMIER.

De l'éducation de la jeunesse.

L a loi du ciel, dit le docteur Tsu-Su, est la nature même ; la conduite de la nature est le droit chemin pour se bien conduire ; & l'instruction nécessaire pour suivre exactement ce chemin est la réunion des préceptes de l'art de bien vivre. J'ai cru qu'en suivant cette

Tome III.   E

loi lumineufe du ciel, & en m'at-
tachant aux préceptes des anciens
fages comme à ma regle, il ne feroit pas inutile de compofer cet
ouvrage pour faire connoître aux
maîtres la bonne maniere d'enfeigner, & aux difciples la bonne mé-
thode pour apprendre.

Autrefois une femme enceinte
n'ofoit, ni dormir fur le côté, ni
fe pencher lorfqu'elle étoit afsife,
ni fe foutenir fur un feul pied lorfqu'elle étoit debout, ni manger des
aliments mal-fains ou mal coupés,
ni s'afseoir fur une natte mal étendue, ni regarder des objets diffor-
mes ou honteux, ni entendre des
chanfons lafcives ; tous les foirs
un muficien lui récitoit des chofes
honnêtes : & par ce moyen elle

mettoit au monde un enfant bien fait & d'un esprit excellent

Une mere qui fait nourrir son enfant par une des secondes femmes, ou par une autre nourrice, doit la choisir modeste, tranquille, pieuse, docile, affable, douce, sérieuse, diligente, précautionnée, silencieuse.

Lorsque l'enfant peut porter sa main à sa bouche, qu'on le sevre & qu'on lui apprenne à se servir de sa main droite. Lorsqu'il peut parler, qu'on lui apprenne à répondre promptement & à dire *oui*. A six ans on donnera aux garçons une ceinture de cuir, & aux filles une ceinture de soie ; à six ans on leur enseignera les nombres les plus communs & le nom des parties du monde. A fept ans qu'on fépare les freres de leurs fœurs, & qu'on ne leur permette pas de s'afseoir ni de manger avec elles. A l'âge de huit ans qu'on leur apprenne les regles de la modeftie & de l'urbanité lorfqu'ils entrent ou qu'ils fortent, lorfqu'ils font afsis ou qu'ils mangent, & lorfqu'ils fe trouvent avec des perfonnes plus âgées. A neuf ans on leur apprendra le calendrier. A dix ans on enverra l'enfant aux écoles publiques, & il ne fera dans la maifon ni le jour ni la nuit.

On lui apprendra à lire & à écrire. Il ne portera point d'habits de coton, ils feroient trop chauds pour cet âge. Que l'urbanité & l'honnêteté le dirigent dans tout ce qu'il entreprendra.

On lui apprendra le matin &
le soir le respect que le plus jeune
& l'inférieur doit aux plus âgés &
à ses supérieurs.

Il faut que le maître lui donne
la connoissance des livres, & qu'il
soit scrupuleusement vrai dans tout
ce qu'il dira.

A treize ans on lui enseignera
la musique, & il apprendra, en
chantant de mémoire, le livre des
poésies. On lui montrera aussi à
danser, & en dansant il chantera
l'ode *Cho* qui contient les louanges
de l'empereur Vu-Vam. A quinze
ans il chantera en dansant l'ode à
la louange de Ven-Vam, & il apprendra à tirer de l'arc, à monter
à cheval.

A vingt ans on lui donnera le

premier bonnet avec les cérémonies accoutumées; il apprendra les loix des rites, & pourra porter des habits de foie & des fourrures; il chantera en danfant la mufique de l'empereur Yu, & il remplira avec la plus grande exactitude les devoirs de la piété envers fes parents, & du refpect envers les plus âgés; il fe donnera tout entier à l'étude; il n'aura pas la préfomption de s'ériger en maître, & fe gardera bien de faire parade de fa vertu.

A trente ans il fe mariera; il prendra foin du gouvernement de fa maifon, & s'appliquera avec ardeur à toutes les parties des fciences; il fera modefte avec fes amis, & examinera foigneufement ce qu'ils aiment & ce qu'ils eftiment.

A quarante ans il pourra entrer en charge ; mais il faut qu'il en connoifse profondément les devoirs, qu'il obéifse au roi & exécute courageufement tout ce qui fera jufte, & qu'il quitte fa charge & s'éloigne du roi fi ce qu'il lui commande eft injufte . & qu'il ne puifse le difsuader. On ne le fera premier miniftre qu'à cinquante ans, & à foixante & dix il fe démettra de fon emploi.

Quant aux filles, lorfqu'elles auront atteint l'âge de dix ans, elles ne fortiront plus de la maifon ; la maîtrefse leur apprendra à parler doucement & à avoir un air ferein & affable, à obéir, à filer, à dévider la foie, à tifser le chanvre & la foie, à coudre, à faire tout ce qui fert à l'habillement des femmes ;

dans les cérémonies pour les ancêtres morts elles verferont le vin &
mettront fur les plats les viandes &
les légumes.

On les mariera à vingt ans, à
moins qu'à cet âge la mort ne leur
enleve leur pere ou leur mere ; alors
elles ne peuvent fe marier qu'à
vingt-trois ans. Si elles fe marient
après avoir été demandées folem-
nellement, elles font des époufes;
fi elles fe font mariées fans obfer-
ver ces cérémonies, elles ne font
que des fecondes femmes.

On ne doit recommander à l'enfant rien autant que de ne point
mentir, & il faut lui rappeller fouvent la nécefsité d'être vrai. Lorfqu'il eft debout, il faut lui ordon-
ner de fe tourner directement vers

un des quatre points du monde, &
il faut lui défendre d'écouter en
avançant l'oreille & en se courbant.

Le premier préfident du tribunal
des mœurs aura foin d'établir dans
chaque diftrict des officiers pour
inftruire le peuple : il conftituera
les plus fages, maîtres des cérémonies, & les propofera à l'empereur
pour remplir les dignités. Leurs
inftructions auront trois objets :

1°. Six fortes de vertus ; favoir,
la prudence, la piété, la fagefse,
l'équité, la fidélité, la concorde.

2°. Six efpeces d'actions ; l'obéiffance envers les parents, l'amour
pour fes freres, l'union avec fes
confanguins, la bienveillance pour
fes alliés, la fincérité avec fes amis,
la commifération envers les pauvres.

3°. Six fortes d'arts, qui confif-
tent à apprendre les rites, la mufique, à tirer de l'arc, à monter à
cheval, à écrire, & à compter.

Dans chaque diftrict, le préfident des mœurs infligera huit fortes de peines : 1°. pour ceux qui déf-
obéiffent à leurs parents; 2°. pour
punir les difcuffions entre les coufins; 3°. pour ceux qui haïffent
leurs alliés; 4°. pour les freres cadets qui manquent de refpect envers leurs aînés; 5°. pour ceux qui
trompent leurs aînés; 6°. pour ceux
qui font fans commifération envers
les pauvres; 7°. pour ceux qui répandent une mauvaife doctrine;
8°. pour les perturbateurs du peuple & pour les féditieux.

Il faut que le préfident des mœurs

& de la mufique veille à ce que, dans l'enfeignement qui fe fait à chaque faifon de l'année, l'on ne s'écarte point des principes, des maximes & des regles prefcrites par les anciens empereurs. Il faut que, dans le printemps & dans l'au-tomne, on enfeigne les rites & la mufique; dans l'hiver & dans l'été, les vers & les difcours des anciens empereurs.

La doctrine du maître doit être la regle du difciple : il faut qu'il imite tout ce qu'il voit faire de bien, qu'il rempliffe avec plaifir tous fes devoirs envers fes parents & envers fes freres, qu'il foit fans orgueil & fans préfomption, que fes actions foient droites, & que fon efprit ne forme point de mau-

vais projets; il faut qu'il n'aille que
dans des maisons honnêtes, & qu'il
ne soit en société qu'avec des gens
de bien; il faut que la décence &
la gravité soient dans son cœur, &
se manifestent sur son visage; il
faut que le matin en se levant, &
le soir en se couchant, il arrange
décemment ses habits & sa ceinture; il faut qu'il écoute le matin
les leçons du maître, & qu'il les
répete le soir.

Celui qui observera exactement
& avec zele ces maximes possédera
véritablement l'art de s'instruire.

Des

CHAPITRE II.

Des cinq états de la condition humaine.

LES cinq écoles établies dans l'empire ont toujours eu pour objet les rapports qui font entre les cinq claſſes de la ſociété humaine, & les devoirs qui naiſſent de leurs rapports. J'ai réuni ſur cette matiere les principes & les maximes qui m'ont paru les plus propres pour l'inſtruction des enfants.

§. I.

Des devoirs du pere & du fils.

Aᴜ premier chant du coq, les

enfants, les gendres, les brus &
leurs enfants, se leveront, se lave-
ront les mains & le visage, s'habil-
leront proprement, & se rendront
dans l'appartement du pere & de la
mere; ils s'informeront, dans les
termes les plus affectueux, & avec
le son de voix le plus touchant, de
l'état de leur santé. Depuis le fils
aîné jusqu'aux plus petits enfants,
chacun apportera les choses nécessaires au pere & à la mere pour se
lever, pour s'habiller; & l'on prendra des précautions pour que, dans
le cours de la journée, ils jouissent
de toutes les commodités que la famille peut leur procurer.

Il faut que, semblable à un homme qui tient dans ses mains une
pierre précieuse qu'il craint de per-

dre, ou un vafe plein qu'il craint de verfer, le fils remplifſe tous fes devoirs avec une attention & une exactitude refpectueufe, mais fans aucune trace de cette gravité auftere qu'imprime fur le vifage la frayeur ou la contrainte.

Un fils ne doit ni monter fur des hauteurs efcarpées, ni defcendre dans les abymes des eaux, ni blef-fer injuftement la réputation des autres, ni les livrer à la dérifion, de peur de fe nuire à lui-même ou à fes parents. Un fils, tant que fon pere & fa mere vivent, ne doit point s'éloigner de leur domicile; ou, s'il y eft obligé, il faut qu'il les en inftruife, ou qu'il leur dife où il va. Un fils, tant que fon pere & fa mere vivent, ne peut promettre de venger par ſa mort un outrage fait à ſon ami : le fils ne peut diſpoſer de ſon corps tant que ſon pere vit.

Si, pendant la vie, le pere affectionne un domeſtique, il faut qu'après ſa mort le fils traite le domeſtique avec les mêmes bontés, quand même il n'auroit pas d'affection pour lui.

Quoiqu'un fils s'accorde bien avec ſon épouſe, il ne doit point héſiter à la répudier ſi elle déplaît à ſon pere ou à ſa mere ; & ſi elle plaît à ſon pere & à ſa mere, il doit la conſerver quand même il auroit de l'averſion pour elle. En un mot, le devoir d'un fils eſt de chercher tous les moyens de procurer le plaiſir & la ſatisfaction de ſon pere,

d'aimer ceux qu'il aime, de cultiver ceux qu'il cultive : il doit aimer jusqu'aux animaux que son
pere aime.

Un fils qui est aimé de son pere
& de sa mere doit s'en féliciter, &
ne jamais les oublier ; s'il a encouru
leur haine, il doit craindre & ne
pas s'irriter contre eux. Si le fils
s'apperçoit que son pere ou sa mere
tombent dans quelque faute, il faut
qu'il les avertisse avec un visage se-
rein , un regard tendre, & dans les
termes les plus doux & les plus respectueux. S'ils rejettent vos aver-
tissements , que votre respect , votre zele , & votre amour pour eux,
n'en souffrent aucune atteinte : mais
si vous les voyez plus gais qu'à l'ordinaire, saisissez ce moment pour

renouveller vos avertiſſements; car il vaut encore mieux courir les riſques de les irriter par des avis néceſſaires, que de les voir ſcandaliſer leur bourg, leur ville, leur patrie.

Mais il ne faut jamais oublier que leurs emportements, & même les coups & les bleſſures, n'autoriſent point un fils à s'écarter du reſpect, de la ſoumiſſion & du zele qu'il doit à ſon pere.

Enfin, après trois avertiſſements inutiles, il faut que le fils, les larmes aux yeux, gémiſſe, pouſſe des cris, & conjure ſon pere de changer de conduite.

Lorſque le pere & la mere ſont malades, les enfants doivent montrer de la triſteſſe & de l'affliction,

& ne se permettre ni les jeux, ni les plaisirs, ni la bonne chere. Si les parents prennent une médecine, il faut que le fils en goûte avant, comme le premier ministre goûte la médecine que le roi prend.

Un fils dont les parents sont morts, & qui se propose de faire une bonne action, doit songer qu'en la faisant il honorera la mémoire de son pere, afin de s'animer à la faire ; & s'il est sur le point d'en commettre une mauvaise, il faut qu'il pense à l'outrage qu'il va faire à leur nom, & qu'il ait horreur de son projet.

Un fils sage qui a perdu ses parents, & qui, au commencement de l'automne, marche sur la gelée blanche, éprouve un sentiment de

triſteſſe, & ſoupire, non parcequ'il
a froid, mais parcequ'il penſe à la
mort de ſes parents ; mais lorſqu'au
printemps il marche ſur la roſée
humide, ſon cœur s'échauffe, & il
ſemble qu'il va les revoir.

On doit ſe préparer par la retraite & par l'abſtinence à la célé-
bration des cérémonies que l'on
fait tous les ans pour les parents
morts. Pendant ces jours de retraite
& d'abſtinence, un fils ſe rappelle
le lieu que ſes parents habitoient,
leur rire, leurs paroles, leurs goûts,
leur caractere ; il ſe rappelle ce qui
leur faiſoit plaiſir, ce qu'ils deſi-
roient : occupé de ces idées pendant trois jours, ils deviennent,
pour ainſi dire, préſents à ſes yeux,
il croit les voir. Le jour même de

la cérémonie, au moment où il entre dans la falle des ancêtres, il croit voir fon pere dans la tablette qui lui eft confacrée; il croit que fes parents voient fes mouvements, qu'ils entendent fes foupirs & fes regrets.

Ainfi la piété filiale donne aux parents une efpece d'immortalité. Un fils qui aime tendrement fon pere le voit exiftant au fond de fon cœur, l'entend & lui parle. Pourroit-il ne pas lui rendre, même après fa mort, toute l'obéiffance, toute la déférence, qu'il avoit pour lui pendant fa vie?

A quelque pauvreté qu'un fils fage foit réduit, il ne vend point les vafes qui ont fervi aux cérémonies que l'on fait tous les ans pour les parents morts; quelque froid qu'il ait, il ne se revêt point des habits destinés pour ces cérémonies, & il n'abat point, pour bâtir sa maison, les arbres plantés sur la colline où reposent leurs cendres.

Celui qui devient premier ministre du royaume ne doit faire faire les vases & les meubles destinés à son usage, que lorsqu'il s'est procuré ceux qui sont nécessaires pour les cérémonies des parents morts; & il ne doit les prêter à personne.

Tsem, disciple de Confucius, disoit: Mon corps est la substance de mes parents qui m'est confiée; dépositaire de la substance de mes parents, oserois-je être négligent ou lâche? Certainement celui-là viole les loix de la piété filiale & de la foumiſſion à ſes parents, qui n'eſt pas modeſte dans ſon domeſtique, fidele dans le ſervice du roi, vigilant dans l'exercice de ſa charge, ſincere dans le commerce de ſes amis, brave & courageux dans les combats. Ainſi ſi je tombe dans une de ces cinq fautes, je m'expoſe, moi & mes parents, à de grands maux : comment donc pourrois-je être négligent, pareſſeux ou lâche ?

Des trois mille délits que l'on punit chacun de quelqu'une des cinq eſpeces de peines, le plus grand de tous eſt de manquer à l'obéiſſance que l'on doit à ſes parents.

§. II.

Des devoirs du roi & du miniſtre.

Ce paragraphe expoſe le cérémonial que doit ſuivre un miniſtre lorſqu'il va à la cour pour travailler avec le roi, tout ce que le miniſtre doit obſerver lorſque le roi lui fait un préſent, lorſque le roi fait des fautes, lorſqu'il ne ſe corrige pas. Tout ce que ce paragraphe contient eſt tiré du livre des ſentences, ou de celui de Memcius.

§. III.

Des devoirs du mari & de la femme.

LORSQUE les conditions du mariage ſont arrêtées, & que les préſents ſont donnés, on en fait part à l'époux & à l'épouſe : ils ne doivent, avant ce temps, ni ſavoir leurs noms, ni se témoigner leur amour. On instruit le roi du jour & du mois du mariage, & on le déclare devant les tablettes qui représentent les parents morts, & l'on donne un festin où les parents sont invités. Un mari ne peut épouser une femme de son nom.

Lorsqu'un pere envoie son fils chercher son épouse, il lui dit : Allez recevoir votre femme, la compagne de votre vie ; instruisez-la des cérémonies pour les parents morts, & enseignez-lui le chemin de la vertu. Lorsque la fille quitte la maison paternelle pour se rendre dans celle de son mari, le pere lui dit : Veillez soigneusement pour ne pas commettre de fautes ; & ne vous opposez jamais aux volontés de votre beau-pere & de votre belle-mere. La mere, en lui donnant une ceinture, lui recommande de se conduire avec sagesse, & de s'occuper sans cesse de ses devoirs.

Un homme ne peut épouser une fille de son nom ; & la femme ne peut ni quitter son mari, ni en épouser un second après sa mort. Le mari, en conduisant sa future épouse chez lui, doit marcher devant elle, comme le roi, en marchant, précede son ministre.

Le mari, en recevant son épouse, lui offre un oiseau apprivoisé, symbole de son amour, & de la condition du mari & de la femme, & de leur diversité : car lorsqu'une fois cette différence du mari & de la femme est bien établie, on voit naître l'amour réciproque du pere & des enfants ; de cet amour réciproque naissent les soins continuels du pere pour ses enfants, & la soumission des enfants pour leur pere. Les soins du pere pour les enfants, & la soumission des enfants pour leur pere, produisent l'exactitude à suivre les loix de l'urbanité envers les supérieurs, les personnes plus âgées & les amis : alors on rend à chacun ce qui lui est dû, & une paix profonde regne par-tout.

Sans cette diversité entre le mari & la femme, en quoi l'union des époux différeroit-elle de l'association des brutes ?

Lorsque l'époux a conduit son épouse dans sa maison, toute la famille s'interdit pendant trois jours la muſique & les fêtes, parcequ'elle ne penſe qu'au grand objet du mariage, la perpétuité de la famille & la production de l'homme.

On ne doit point faire de viſites aux mariés pour les féliciter, parcequ'ils ſont dans l'état auquel tout le genre humain eſt appellé.

Chaque maiſon doit avoir deux appartements; un extérieur pour les maris, & l'autre intérieur pour les femmes. La porte qui ſert de communication à ces appartements doit être ſoigneuſement gardée ; & le mari ne doit point entrer dans l'appartement des femmes ſans de bonnes raiſons, & les femmes n'en doivent point ſortir ſans de bonnes raiſons. Tout ce qui concerne l'adminiſtration intérieure dépend de la femme feule, & les affaires du dehors font adminiftrées par le mari. Chaque appartement doit avoir fon puits, fes bains, fes fieges, tous les meubles qui lui font néceffaires, & n'emprunter rien de l'autre. Le mari qui entre dans l'appartement des femmes ne peut y parler d'un ton haut ou dur, ni y montrer rien du doigt ; & s'il y entre de nuit, il faut qu'il fe faffe précéder par une lumiere.

La femme ne peut fortir que voilée, & jamais fans être précédée d'une lumiere, fi elle fort la nuit. Lorfqu'elle fort avec fon mari, il prend le côté droit, & la femme le côté gauche.

La femme eft fous la puifsance de fon mari, & n'a rien en fa difpo-

sition. Elle a trois sortes de dépen-
dances ; fille, elle doit suivre son
pere ; femme, elle doit suivre son
mari ; veuve, elle doit suivre son
fils : & dans aucun de ces états elle
ne doit rien faire de son propre gré
& sans la participation de personne.
Son empire ne s'étend pas au-delà
de l'appartement intérieur.

Il y a cinq sortes de filles qu'on
ne doit point épouser : 1°. celle
dans la famille de laquelle on n'a
point pour les parents le respect,
la déférence & la soumission qu'on
leur doit ; 2°. celle dont la famille
est sans piété & sans humanité ;
3°. celle dont la famille est flétrie
par les peines infligées au crime ;
4°. celle dont la famille est attaquée
de quelque maladie héréditaire &

contagieufe ; 5°. celle qui eft une fille aînée qui a perdu fon pere.

Il y a fept caufes de divorce : 1°. le manque de refpect & de foumifsion au pere & à la mere du mari ; 2°. la ftérilité ; 3°. l'adultere ; 4°. un caractere envieux ; 5°. une maladie contagieufe qui furvient ; 6°. un babil fatigant ; 7°. la profufion.

Il y a trois circonftances qui ne permettent pas au mari de répudier fa femme : 1°. fi elle n'a point de parents qui puifsent la recevoir ; 2°. fi elle a obfervé avec fon mari le deuil de trois ans pour le pere & pour la mere de fon mari ; 3°. fi de vile & de pauvre qu'elle étoit elle eft devenue riche & noble.

Telles font les inftitutions par

lesquelles les sages ont cru devoir adoucir ou prévenir les inconvénients attachés à la vie des époux, & rendre l'état du mariage heureux & vénérable.

Le livre des rites défend d'être en société avec le fils d'une veuve, s'il ne donne pas des indices d'esprit & de vertu.

§. IV.

De la subordination entre les plus jeunes & les plus âgés.

IL n'y a point d'enfant qui n'aime son pere & sa mere, & qui, lorsqu'il devient un peu grand, ne révere son frere aîné

Celui-là révere ses anciens qui ralentit son pas pour ne les pas précéder ; & celui qui les devance manque au refpect qu'il leur doit.

Celui qui va voir l'ami de fon pere ne doit ni entrer chez lui ni en fortir qu'après en avoir obtenu la permifsion, & ne parler que lorfqu'il eft interrogé.

Je refpecte comme mon pere celui qui a vingt ans plus que moi, & comme mon frere aîné celui qui en a dix ou cinq.

Le jeune homme qui en confulte un plus âgé doit lui apporter une petite table ou un bâton pour s'appuyer ; & fi un fupérieur ou un plus âgé confulte un plus jeune, celui-ci peche contre l'urbanité s'il répond fur-le-champ & fans s'être excufé modeftement.

Lorfqu'un difciple marche dans

la rue avec son maître, qu'il ne le quitte point pour parler à un autre, & qu'il ne marche pas sur la même ligne que lui ; si le maître se penche sur son épaule pour lui parler à l'oreille, que de la main il se couvre la bouche pour ne point l'incommoder par son haleine.

Lorsqu'un jeune homme est assis en présence d'un plus âgé, il peche contre la modestie & contre l'urbanité s'il se tourne de côté & d'autre.

Le jeune homme ne doit point parler vaguement devant un plus âgé ; il doit écouter modestement ce que les autres disent, & ne pas se l'attribuer, ou vouloir le confirmer par son jugement : s'il parle, il faut qu'il imite les anciens sages ;

& s'il fait quelque citation, que ce foient les maximes des anciens empereurs.

C'eft rufticité que de répondre précipitamment, & avant que celui qui fait une queftion ait fini de parler.

Si vous vous entretenez avec un homme fupérieur à vous par fa dignité ou par fa famille, ne lui demandez pas quel âge il a ; & fi vous le rencontrez, ne lui demandez point où il va : fi vous êtes afsis auprès de lui, foyez modefte, & ne regardez point de côté & d'autre, ne gefticulez point & ne remuez point votre éventail.

Si, portant un fardeau léger, vous rencontrez un vieillard qui en porte un qui foit léger, prenez le fardeau du vieillard, & portez-le avec le vôtre; si votre fardeau est lourd, prenez de celui du vieillard tout ce que vous en pourrez porter.

Enfin les devoirs du plus jeune à l'égard du plus âgé s'étendent à toutes les circonstances du commerce que la vie civile met entre les citoyens, & les rites prescrivent à tous ces égards tout ce que la politesse la plus délicate prescrit chez les nations les mieux policées, & ces devoirs sont prescrits à toutes les conditions.

§. V.

Des devoirs des amis.

LE sage choisit pour amis des

hommes dont les lumieres ou l'exemple peuvent le faire avancer dans la piété & dans la vertu.

Le devoir de deux amis confifte à fe donner réciproquement de bons confeils, & à s'animer l'un l'autre à l'amour & à la pratique de la vertu.

Si vous voulez remplir exactement les devoirs de la fociété humaine, n'exigez pas des autres qu'ils vous aiment autant qu'ils le doivent & qu'ils le peuvent; mais ayez pour eux ces degrés de fentiment & d'attachement.

Si votre ami tombe dans quelques fautes, avertifsez-le fincèrement; s'il ne fe corrige pas, ceffez vos avertifsements de peur de vous attirer quelque injure ou quelque opprobre.

Il y a trois fortes d'amis utiles & trois fortes d'amis dangereux : les amis droits, finceres, favants, vous garantifsent de la corruption, de la faufseté, de l'ignorance ; les amis corrompus, faux, grands parleurs, font pernicieux, parceque l'on eft en danger d'imiter leurs vices, leur faufseté, leur babil.

Il ne faut pas, dans la fociété des amis, fe prévaloir de fon âge, de fa dignité, de l'illuftration de fa famille ou de fes alliances, car on doit chercher dans la fociété des vertus à imiter, & non pas des occafions d'être arrogant & méprifant.

CHAPITRE III.

Du soin que l'on doit prendre de soi-même.

LE sage, dit Confucius, ne fait rien qu'avec attention & avec respect : cependant il est lui-même l'objet principal de son attention & de son respect. Il tire en effet sa substance de son pere, comme la branche tire la sienne de la racine : oseroit-il donc traiter négligemment & sans respect sa propre substance ou lui-même ? Voilà pourquoi j'ai composé ce chapitre pour l'instruction des enfants ; il ne contient que les regles des anciens sages.

H ij

§. I.

Maximes pour régler son cœur.

LORSQUE l'ardeur & l'application triomphent de la parefse & de la nonchalance, tout réufsit ; mais on ne réufsit jamais lorfque la négligence & la parefse étouffent l'ardeur & l'application.

Lorfque la raifon victorieufe dirige les defirs, on arrive toujours à fon but ; & on le manque toujours lorfque les defirs victorieux commandent à la raifon.

Avec quelle merveilleufe facilité un prince gouverne fes peuples & fait régner la paix dans fes états, fi, réfléchifsant, grave & décent, il parle toujours paifiblement & po-

fitivement ; s'il étouffe avec foin
dans fon cœur tout fentiment d'arrogance & de mépris pour les autres ; fi, réfiftant aux accès de la
pafsion, il ne fe permet pas dans
fes plaifirs de pafser les bornes de
l'honnêteté ; fi, grave & familier,
il fe fait aimer & refpecter ; s'il n'i-
gnore pas les défauts de celui qu'il
aime, ni les bonnes qualités de celui
qu'il hait ; fi, en fachant amafser
des richefses, il fait les répandre ;
fi, en cherchant les commodités,
il fait les concilier avec l'équité ;
fi, lorfqu'il veut des richefses, il ne
defire point de les acquérir injuftement ; fi, lorfqu'il voit un péril,
il ne veut pas l'éviter injuftement ;
fi, lorfqu'il difpute, il cherche la
vérité & non la victoire ; fi, lorf-

qu'il faut partager, il defire l'équité & non fon avantage ; fi, lorfqu'il paroît incertain fur une chofe, il ne la détermine pas; & fi, lorfqu'il femble douter d'une chofe, il ne l'affirme pas !

La vertu de l'honnêteté ne fort point des bornes de la condition : elle n'infulte point; elle n'aime ni les moqueries piquantes, ni les bouffonneries, ni les grimaces; elle regle bien fes mœurs, & regarde comme un chofe louable de tenir fidèlement fes promefses.

Le fage n'entend point de paroles déshonnêtes & ne voit point d'objets honteux; il bannit de fa penfée la mufique lafcive & la volupté vicieufe, & il ne fe permet dans fa conduite ni lâcheté, ni dédain, ni pafsions, ni faufseté : il veut que fes oreilles, fes yeux, fon nez, fa bouche, fon cœur, fon efprit & tous fes membres, fuivent exactement le droit chemin de l'équité, & remplifsent ainfi leurs fonctions & leurs deftinations.

On peut diftinguer dans la fociété trois claffes d'hommes : ceux qui craignent les loix comme la maladie, & ce font les plus élevés & les premiers ; ceux qui méprifent les loix & ne fuivent que leurs pafsions, & ce font les derniers des citoyens & les plus bas ; les troifiemes obéiffent en partie aux loix, & en partie à leurs paffions, & font la claffe moyenne (1).

____

(1) Ce paragraphe contient encore

§. II.

Regles pour apprendre à composer son extérieur.

C'EST l'honnêteté & l'équité qui distinguent le sage des autres hommes. Ces deux vertus se manifestent d'abord dans les mouvements du corps, dans la douceur & dans la sérénité du visage, dans la bienséance des paroles, & dans la décence des commandements : car alors il est facile d'avoir l'honnêteté & l'équité nécessaires pour la droiture du roi & du ministre,

---

quelques maximes sur la maniere de régler son cœur. Comme elles sont mot pour mot dans le livre des sentences, je les supprime ici.

pour l'amour du pere & du fils, pour la concorde du plus âgé & du plus jeune ; & lorfqu'on a la droiture du roi & du miniftre, l'amour du pere & du fils, la concorde du plus jeune & du plus âgé, l'honnêteté & l'équité font folidement & parfaitement établies.

N'avancez pas l'oreille pour entendre celui qui vous parle ; ne lui répondez pas en hauffant la voix, comme fi vous criiez après quelqu'un : ne regardez point du coin de l'œil ; ne tournez point vaguement la tête comme un homme qui ne penfe à rien ; ne marchez point faftueufement ; fi vous êtes debout, ne vous foutenez pas fur un pied ; affis, n'écartez pas les cuiffes ; dormez dans une pofture décente ; que

votre vifage ne foit point offufqué
par vos cheveux; ne foyez jamais
en compagnie la tête découverte ;
ne travaillez pas les bras nuds ; &
fi vous avez chaud, n'ouvrez pas
votre habit.

Ne jettez point les yeux fur un
lieu que l'on veut qui foit fecret ;
ne livrez point les autres à la dérifion ; que leurs fautes anciennes ne
foient point le fujet de votre con-
verfation.

N'ayez point un air méprifant
ou folâtre ; ne parlez point avec
précipitation ; n'offenfez point les
efprits par une curiofité vaine ; ne
formez point de conjectures témé-
raires fur l'avenir ; ne gâtez ni les
habits ni les vafes des autres ; ne
foutenez point votre opinion avec
opiniâtreté.

Si vous vous entretenez avec les rois, parlez du gouvernement ; & avec les miniſtres, du ſervice du roi ; avec des aïeux, du ſoin de leurs petits-fils ; avec des enfants, de l'obéiſſance due aux parents, & du reſpect dû aux freres aînés ; avec les ſimples citoyens, de la fidélité, de la candeur, de la bonté, de la probité ; avec les magiſtrats, de la fidélité & de la ſincérité.

Lorſqu'il s'éleve un vent impétueux, que les nuages s'aſſemblent & que les éclairs ſont fréquents, changez de viſage ; & ſi vous êtes couché, levez-vous auſſitôt, habillez-vous, mettez votre chapeau, & aſſeyez-vous reſpectueuſement.

Si vous êtes aſſis vis-à-vis de quelqu'un, ne croiſez pas vos jambes ;

fi vous donnez quelque chofe à une perfonne qui eft devant vous, ne fléchiffez pas le genou; fi elle eft affife, ne vous levez pas; fi vous entrez en char dans la ville royale, ne lâchez pas les brides aux chevaux; fi vous entrez dans un bourg, appuyez-vous refpectueufement fur la traverfe de votre char.

Recevez un vafe vuide avec autant de précaution que s'il étoit plein; & entrez dans un appartement vuide avec la même décence que s'il étoit rempli de monde (1).

---

(1) Ce paragraphe contient encore quelques maximes tirées mot à mot du livre des fentences.

§. III.

§. III.

Regles pour le vêtement.

LORSQU'ON donne le premier bonnet aux jeunes gens, le maître des cérémonies, en mettant le chapeau de coton sur la tête du jeune homme, lui dit : Recevez le premier habit des adultes : vous sortez de l'enfance, n'en ayez donc plus ni les sentiments ni les inclinations ; appliquez-vous avec ardeur à l'étude de la vertu, & méritez par ce moyen une vie longue & heureuse.

Lorsqu'il donne le bonnet de peau, il lui dit : Songez à être modeste & décent ; appliquez - vous avec ardeur à acquérir une vertu mâle ; jouissez mille ans d'une santé

floriſſante , & d'une longue & parfaite félicité.

Enfin, en donnant le bonnet de
magiſtrat, il parle ainſi : Vous voyez
ici tous vos freres, ſongez que vous
êtes obligé de les aider à s'avancer dans la carriere de la vertu :
conſervez une fraîcheur inaltérable
de viſage, & que le ciel vous comble de proſpérités & de bonheur.

Tant que le pere & la mere vivent, le fils né peut porter de couleur blanche ; & , après la mort de
ſes parents , le fils aîné ou le chef
de la famille ne portera point d'habits de différentes couleurs, même
après le deuil de trois ans (1).

____

(1) Le blanc eſt la couleur de deuil à la
Chine.

Il ne faut donner aux enfants ni fourrures ni habits de foie.

Celui qui s'eft confacré à l'étude de l'art de bien vivre, & qui rougit de porter des habits groffiers, ou de ne fe nourrir que d'aliments communs, eft incapable de s'élever à cette fublime fcience.

§. IV.

Regles fur le repas.

Lorsque vous prenez votre repas en compagnie, ne mangez point jufqu'à la fatiété ; ne buvez point à longs traits ; ne faites point de bruit avec votre bouche en mangeant ; ne rongez point les os, ne les jettez point aux chiens ; ne témoignez pas un defir violent d'un mets ou d'une boiſſon ; ne faites point une nouvelle ſauce pour ce que l'on a ſervi , c'eſt reprocher au maître ſon impéritie ou ſa pauvreté ; mâchez bien les viandes , & ne rempliſſez pas trop votre bouche.

Un roi ne doit point tuer un bœuf ſans une juſte cauſe ; par exemple , en faveur d'un hôte. Il faut de ſemblables raiſons pour autoriſer un préfet à tuer un mouton, & un lettré à tuer un porc ou un chien.

Le ſage doit écarter loin de lui les ſoins du marché ou de la cuiſine , & ne ſe permettre que pour de juſtes raiſons de tuer un animal.

On nourrit les porcs avec le millet ; & cependant on fait du vin avec le millet, & ce vin cauſe une

infinité de rixes & de procès : voilà
pourquoi les empereurs ont fait
tant de loix relativement à la maniere de boire le vin. Par exemple,
ils ont prescrit, à chaque coup que
l'on boit, tant d'inclinations réci-
proques entre les buveurs, que ceux
qui les observeroient exactement
pourroient boire un jour entier sans
s'enivrer.

Les gourmands font générale-
ment méprisés, parcequ'uniquement
attentifs à foigner la plus vile
partie d'eux-mêmes, ils oublient la
plus noble, & ne s'en occupent
point.

CHAPITRE IV.

Exemples des anciens, par rapport aux regles précédentes.

J'AI joint aux maximes précédentes les exemples des anciens qui m'ont paru capables d'allumer dans les enfants le defir de les pratiquer, & qui peuvent en prouver l'utilité.

§. I.

Exemples fur la bonne éducation.

L'ILLUSTRE Tay-Gin, mere de l'empereur Ven-Vam, feconde fille de Gin roi de Chi, époufa le roi de Ki. Comme elle étoit modefte, fincere, férieufe, elle pratiquoit la vertu fans répugnance & fans difficulté. Tant qu'elle porta Ven-Vam dans fon fein, elle ne fe permit de jetter les yeux fur aucun objet honteux, d'entendre aucun chant lafcif, & de proférer aucune parole impérieufe. Elle mit au monde un fils doué d'une grande fagacité; car fi elle lui enfeignoit une vérité, il en tiroit fur le champ cent autres vérités. Il devint le fondateur de la dynaftie de Cheu.

Les fages de ces temps attribuerent les talents & les vertus de Ven-Vam à la conduite de fa mere pendant fa groffeffe, & à l'éducation qu'elle lui donna pendant fon enfance.

La mere de Memcius demeuroit

proche d'un lieu où étoient beaucoup de sépulcres : le jeune Memcius se plaisoit à imiter toutes les
cérémonies funéraires, & à repré-
senter les actions & les gestes des différentes personnes qu'il y voyoit.
Sa mere, qui l'observoit, dit : Cet
endroit n'est pas propre à l'éducation de mon fils. Elle alla se loger
proche d'un marché : là, Memcius
imita les gestes, les actions, & ré-
péta les propos des marchands &
des acheteurs. Ce n'est pas encore
ici, dit sa mere, un endroit propre
à donner à mon fils l'éducation qui
lui convient. Elle se logea dans une
maison voisine d'une école publique : là, le petit Memcius vit de
jeunes gens qui s'exerçoient à l'honnêteté & à la politesse, qui se fai-

foient des préfents les uns aux autres, qui fe traitoient avec honneur, qui fe cédoient le pas, qui faifoient les cérémonies ordinaires lorfqu'on reçoit une vifite; & fon plus grand divertiffement fut de les imiter.

Voici, dit la mere, le lieu propre à l'éducation de mon fils.

Un voifin tua un porc; Memcius en demanda la raifon à fa mere, qui lui dit en plaifantant : C'eft pour que vous en mangiez. Mais bientôt elle s'en repentit. J'ai appris, dit-elle, que les meres doivent s'appliquer fingulièrement à enfeigner la vertu à leurs enfants auffitôt qu'ils font capables de la connoître; mon fils a déja l'ufage de la raifon, & je lui apprends à mentir. Pour réparer fa faute, elle fit acheter un morceau de porc que l'on fervit à dîner.

A l'âge prefcrit, Memcius alla à l'école publique, & devint illuftre par fon génie & par fa vertu.

§. II.

Exemples des anciens fur les cinq devoirs.

LE prince Chun avoit un pere déréglé, une mere babillarde, un frere orgueilleux ; & fes exhortations, fa douceur, fes complaifances, les corrigerent, & les retirerent de l'abyme où ils s'étoient précipités.

Celui qui connoît toute l'étendue de la piété filiale ne croit jamais en remplir les devoirs, & ne regrette la rapidité avec laquelle ses années s'écoulènt, que parce-qu'elles le privent du plaisir & des moyens de les remplir.

Le prince Ven-Vam, héritier du royaume, alloit tous les jours voir son pere trois fois, & sa gaieté ou sa tristesse dépendoient des nouvelles qu'on lui donnoit de sa santé. Il examinoit avec soin les aliments qu'on lui servoit, voyoit par lui-même s'ils avoient le goût & le degré de chaleur que son pere aimoit, & ordonnoit qu'on ne lui servît jamais les mêmes mets deux fois de suite.

Un habitant de la province de Hu-Quam étoit septuagénaire : son pere & sa mere vivoient, &, dans l'état où leur grand âge les avoit mis, ne pouvoient s'amuser que comme les enfants. Le fils feptua-génaire redevint, pour ainfi dire, enfant, jouoit comme un enfant, fe laiffoit tomber & crioit comme un enfant, pour les récréer & leur procurer le feul divertifsement dont ils fuffent fufceptibles.

Pé-Yu étoit enfant, & fa mere l'avoit fouvent fouetté fans qu'il fe plaignît. Un jour il fe mit à pleurer lorfqu'elle le frappoit. Pourquoi donc, dit fa mere, pleurez-vous aujourd'hui lorfque je vous punis? C'eft, dit-il, que vos coups ne me caufent plus de douleur, & que je crains que vos forces ne diminuent.

Le roi de Ki étoit oncle de l'empereur Cheu. Ayant appris qu'il faifoit faire des baguettes d'ivoire pour le service de la table, il dit en soupirant : Hélas ! il fera bientôt faire des tasses de pierres précieuses, voudra jouir des productions les plus rares des pays étrangers, & introduira le luxe dans son palais & dans toute la nation : il se livre d'ailleurs à la plus honteuse débauche. Il se rendit donc auprès de l'empereur son neveu, & lui donna des avis sages, mais inutiles pour l'empereur, & funestes pour le prince Ki, que l'empereur fit jetter dans une prison.

On conseilla à ce prince de s'évader; & on lui en fournissoit les moyens. Mon évasion, répondit-il, divulgueroit la faute de l'empereur & sa corruption ; il deviendroit l'objet de la dérision & du mépris

du peuple : je ne peux me réfoudre
à me procurer la liberté à ce prix.
Il contrefit l'imbécille, & fut traité
comme un vil efclave ; il fortit de
prifon, & vécut dans l'obfcurité.

Le prince Pi-Kao, un autre oncle de l'empereur, voyant que les
avertifements du prince Ki avoient
été inutiles, fe dit à lui-même : Il
ne m'eft pas permis de difsimuler
le défordre de l'empereur, dufsé-je
m'expofer à la mort ; & je me ren-
drai coupable de tous les maux que
le peuple fouffre, fi je ne repréfente
pas fortement & vivement à l'empereur fes déréglements & fes crimes. Il alla donc voir l'empereur,
& lui parla franchement & fans
adoucifsement de fes défordres.

L'empereur Cheu l'écouta, &

lui dit : On prétend que le cœur d'un fage n'eft pas fait comme celui des autres hommes, & qu'il a fept orifices ; je veux m'en afsurer. A l'inftant il fit couper le corps de fon oncle en deux, & en fit arracher le cœur.

Le roi d'Ouéi, frere de l'empereur, inftruit de cette cruelle exécution, dit : Lorfqu'un fils a averti fon pere jufqu'à trois fois fans aucun fuccès, il ne fe rebute pas ; il tâche d'attendrir fon cœur par fes gémifsements, par fes larmes, par fes cris. Lorfqu'un miniftre a donné jufqu'à trois fois des confeils falutaires à fon prince, & qu'ils ont été inutiles, il lui eft permis de fe retirer. Alors il s'exile lui-même, emportant les vafes qui fervent aux devoirs funebres, afin que du moins il reſtât quelqu'un de la famille impériale qui pût rendre deux fois l'année les honneurs accoutumés aux ancêtres défunts.

Chao-Siam , premier miniſtre de Cin, avoit tué Pé, un autre premier miniſtre de ce même royaume. Yn-Jam, ſous-préfet de Pé, cacha un poignard ſous ſa robe, & commit quelque déſordre qui le fit arrêter & conduire chez Chao-Siam, où ſon deſſein fut découvert. Les domeſtiques de ce miniſtre vouloient qu'il le fît mourir ; mais il le défendit. Yn-Jam, dit-il, a voulu venger la mort de ſon préfet ; il eſt un ſerviteur fidele. Il le fit mettre en liberté.

Yn-Jam ſe couvrit de poix pour

se déguiser ; mais ses amis le reconnurent, & lui dirent : Si vous voulez absolument venger la mort de Pé, entrez au service de Chao-Siam ; vous pourrez alors venger sûrement la mort de votre maître. Non, dit Yn-Jam : si je tuois Chao-Siam, étant à son service, je me rendrois coupable de trahison & de perfidie, & la mort de Pé ne seroit pas vengée. Il continua donc à épier l'occasion de poignarder Chao-Siam ; mais on le découvrit, & il fut mis à mort.

Le roi de Cy avoit été défait dans une bataille, & avoit pris la fuite. Nao-Hi son général conspira contre lui, & le tua. Le préfet Vam-Sun-Kia revint chez lui, ignorant la trahison & le parricide de

Nao-Ki. Sa mere, en le voyant arriver, lui dit: Que venez-vous faire ici? Quoi! le roi a été afsafsiné, & vous ne fongez pas à le venger! Vam-Sun-Kia, animé par ce reproche, fe rend à la place publique: Le traître Nao-Ki, dit-il, a mafsacré notre roi; il eft parricide & perturbateur de l'état: fi quelqu'un veut fe joindre à moi pour punir fon crime, qu'il éleve fon bras nud. Aufsitôt quatre cents hommes fe joignent à lui, volent chez Nao-Ki, & le percent à coups de lance.

Le miniftre Kum-Li, premier miniftre de Cin, pafsoit par le bourg Ki; il apperçut un habitant nommé Kivé qui farcloit fes champs, & auquel fa femme apportoit à

dîner. Le mari & la femme se traitoient réciproquement avec autant
de respect & de politesse que s'ils
eussent été des hôtes. Le ministre
emmena Kivé, & le présenta au roi
en lui disant : Le respect est un
principe fécond de vertus : il est
impossible que celui qui aime à
observer les loix du respect n'aime
pas à pratiquer la vertu ; & celui
qui aime la vertu est très capable
de bien commander au peuple : je
vous supplie donc d'accorder une
charge à Kivé que je vous présente.
Il y a long-temps que j'ai entendu
cette maxime : Si vous êtes en public , ayez la modestie & la gravité avec lesquelles on reçoit un hôte
illustre : si vous donnez des ordres
au peuple, soyez grave & modeste

comme si vous faisiez la grande solemnité des devoirs que l'on rend
aux ancêtres. Ces deux choses demandent l'amour & l'habitude du
respect, & sont la regle de la piété.
Le roi accorda sur-le-champ ce que
le ministre demandoit, & nomma
Kivé chef d'un demi-bataillon.

La princesse Kung-Kuan avoit
été promise en mariage au prince
Kum-Pé. Celui-ci mourut avant
de l'avoir épousée. La princesse ré-
solut de lui garder la fidélité qu'elle
lui avoit promise, sans que les solli-
citations les plus pressantes pussent
l'ébranler. Elle composa une ode,
où elle faisoit serment de mourir
plutôt que de se marier.

La fille du roi de Tsay avoit é-
pousé le fils du roi de Sum. Quelque

temps après son mariage il fut attaqué d'une maladie contagieuse. Les parents de la princesse vouloient qu'elle épousât un autre mari ; mais elle ne voulut point y consentir. Le mal de mon mari, dit-elle, est mon mal ; je dois partager son malheur : pourrois-je l'abandonner & violer la foi que je lui ai jurée ? Le devoir d'une femme est de suivre son mari : lorsqu'une fois il l'a épousée avec la solemnité des rites, elle ne peut en prendre un autre. D'ailleurs, dans l'état où il est, il ne peut me répudier qu'autant que je deviendrois très méchante : pourrois-je donc équitablement me séparer de lui & l'abandonner ? (1)

____

(1) Les autres exemples sont tirés du livre des sentences.

§. III.

*Exemples des anciens fur la ma-
niere de régler fes mœurs.*

KUM-SU-VEN-PÉ, rentrant du palais chez lui, trouva fa mere qui filoit : Eft-il pofsible, ma mere, dit-il, que vous filiez dans une maifon aufsi diftinguée que la nôtre ?

La mere lui répondit en foupirant : Eft-il pofsible que notre royaume de Lu foit aufsi dépourvu d'hommes fages ? Mon fils, que l'on nous donne des miniftres tels que vous, & dans peu de temps on ne connoîtra ni le travail ni l'induftrie, & l'on oubliera les arts. Reftez ici un moment, je vais vous inftruire.

Lorſque le peuple travaille, il ne penſe qu'à ſon ouvrage ; pendant qu'il penſe à ſon ouvrage, les germes de la droiture ſe développent & pullulent dans ſon cœur. Au contraire, lorſqu'il ſe livre au repos & à l'oiſiveté, il ne penſe qu'à la volupté, & les germes de la droiture du cœur deviennent ſtériles, ou ſont étouffés par la penſée de la volupté ; lorſque les principes de la droiture ſont étouffés dans le cœur, tous les vices y pullulent.

Jettez les yeux ſur les contrées graſſes & fertiles, vous y verrez beaucoup de colons déréglés & ineptes, parcequ'ils y ſont oiſifs.

Pourquoi, au contraire, dans les contrées maigres & ſtériles auriez-vous de la peine à trouver un habitant qui n'aime & ne pratique pas l'équité & l'honnêteté ? c'est que tous sont laborieux.

Voilà pourquoi autrefois les impératrices tissoient de leurs mains les bandelettes noires qui pendoient à leurs chapeaux. Les femmes des rois tissoient non seulement ces bandelettes, mais encore les attaches & les houppes de leurs chapeaux. Les femmes des premiers ministres faisoient non seulement ces bandelettes, ces houppes & leurs ceintures, mais encore les habits de cérémonie de leurs maris. Les femmes des lettrés les plus honnêtes faisoient les habits de cérémonie & les habits ordinaires de leurs maris. Enfin les femmes des simples citoyens filoient ou faifoient de la toile pour les habits de leurs maris. Au printemps les femmes s'occupoient de tout ce qui concerne la foie ; en hiver elles travailloient à la toile de chanvre & de coton ; les maris s'occupoient de tout ce qui concerne l'agriculture : chacun ambitionnoit de bien remplir fa tâche, & l'on punifsoit ceux qui manquoient à leur devoir. Telles étoient anciennement les mœurs générales.

Comme je m'intérefse vivement à l'honneur de notre famille, & que je fouhaite que vous en augmentiez l'éclat, je vous dis fouvent : Ne ternifsez pas par une vie inutile & voluptueufe les belles actions de votre pere.

Aujourd'hui vous me demandez

pourquoi je ne m'abandonne pas au repos & à l'oisiveté. Je crains bien que votre vie molle & oisive ne vous précipite, de la dignité qui vous enorgueillit, dans le malheur, & que je n'aie bientôt à pleurer l'extinction entiere de la famille de votre pere. (1)

CHAPITRE V.

J'AI recherché dans les annales des temps modernes les maximes remarquables & les actions mémorables propres à former le cœur

---

(1) Les autres exemples sont tirés du livre des sentences & de celui de Memcius, ainsi que ceux du fils.

& les mœurs, & l'on peut regarder ces recherches comme la seconde partie de l'école des enfants.

§. I.

Maximes des modernes sur l'éducation.

LE docteur Cham dit que la première habitude que l'on doit faire prendre aux enfants est celle de la tranquillité, de l'attention, du respect, de l'exactitude. Mais on n'y pense pas aujourd'hui ; & c'est pour cela que les jeunes gens, depuis leur tendre enfance, sont orgueilleux, paresseux & dépravés, aussi-bien que les jeunes demoiselles.

A mesure qu'ils grandissent, ces vices se fortifient : & comme jamais

on ne leur apprend les devoirs du
fils & du frere plus jeune , ils mé-
connoifsent toute efpece de différence établie par l'ordre de la nature entre les hommes , & ne veulent
pas fe foumettre, même à leurs parents, & confervent jufqu'à la mort
ce caractere; ils ne veulent rendre
aucun fervice dans l'intérieur ; ne
peuvent s'abaifser à répondre modeftement, ni céder à leurs amis
dans le commerce de la vie ; ils ne
veulent point obéir aux magiftrats,
& fe croiroient déshonorés fi, lorfqu'ils remplifsent une charge , ils
confultoient les fages.

Enfin ils font tellement efclaves
de leurs inclinations dépravées ,
qu'ils anéantifsent dans leur ame
la droite raifon & l'équité. En un

mot, comme ils n'ont point arra-
ché dans leur jeunesse la racine de
ce mauvais caractere, ils le portent
par tout où ils vont, dans toutes
les charges qu'ils remplissent, dans
toutes les actions qu'ils font ; &
chaque jour il acquiert de nouvelles forces.

Il ne faut pas seulement exercer
la mémoire des enfants, il faut encore leur faire apprendre les choses
qui peuvent nourrir & perfection-
ner leur raison & leur cœur : ainsi,
en leur faisant apprendre tous les
jours les belles actions des anciens
& des modernes, il faut absolument choisir & préférer les exemples qui peuvent faire connoître &
aimer la piété filiale, l'amitié & la
déférence fraternelle, la fidélité,

la sincérité, l'honnêteté, l'équité, la tempérance, la modestie, & les autres vertus de ce genre. Telles sont les actions par lesquelles les hommes célebres ont dans leur enfance donné des marques de leur piété ou de leur soumission pour leur pere & leur mere. Le souvenir seul de ces actions leur donne peu à peu l'idée de la vertu, & cette notion suffit pour la leur faire pratiquer autant qu'ils le peuvent. L'exercice journalier de ces actions les leur rend faciles ; ils en contractent l'habitude, & s'attachent à la pratique de la vertu comme par une impulsion naturelle, ou par un besoin naturel.

Un maître qui voit que ses disciples sont légers & dissipés doit leur faire lire uniquement les livres des anciens fages, interrompre pour quelque temps la compofition des oraifons, les jeux, les divertifsemens, qui, pour l'ordinaire, leur ôtent l'amour de la vertu ; & cet amour s'éteint, lorfqu'ils ne s'appliquent qu'à connoître des caracteres & des mots, à compofer des épîtres, & ne s'occupent que des différents genres de littérature légere & agréable.

Ceux qui n'ont pas encore le goût de la fcience méprifent l'étude : il faut donc, pour les inftruire, leur faire lire le livre des poéfies ; car les trois cents chapitres de poéfies compofées par les anciens fages renferment des principes de morale expofés avec un

charme qui en rend la lecture inté-
reſsante pour les plus inappliqués.
Telle eſt, par exemple, cette belle
ſtrophe qui expoſe la maniere de
bien régler ſa maiſon, & que l'on
faiſoit apprendre par cœur à tous
les enfants dans les villes & dans
les campagnes. Mais comme le ſtyle
de ces poéſies eſt ſerré, profond,
& difficile à entendre pour des enfants, il feroit à ſouhaiter que quelqu'un expoſât dans des vers qui
fuſsent plus à leur portée les devoirs
de l'intérieur de la maiſon, les regles que l'on doit ſuivre pour répondre modeſtement & pour rendre à
ſes ſupérieurs ce qu'on leur doit.

Il faut que les enfants ſachent
diſtinguer la premiere & la derniere claſse des hommes, celle-là

eſt celle des ſages héros, l'autre celle des petits hommes inſenſés, afin d'imiter les premiers, & d'avoir les ſeconds en horreur. Yen & Memcius ſont les ſeconds de la premiere claſse : quoique je ne puiſse pas les égaler en tout, je peux cependant imiter leur ſageſse. Un diſciple de la ſageſse, convaincu de ces vérités, doit ſe dire à lui-même : Certainement je peux faire des efforts pour imiter les ſages Yen & Memcius.

Si je peux, je parlerai avec douceur ; ſi je ne ſuis point bizarre dans ma conduite, j'imiterai un peu le ſage Yen qui domtoit ſa colere. Si je peux me repentir, ſi je ne rougis pas de me corriger de mes vices, j'imiterai un peu le ſage

Yen qui ne commettoit point deux fois la même faute.

Si je suis bien convaincu que les scenes bouffonnes & plaisantes que l'on voit dans les lieux remplis de tombeaux ou dans les places de marché ne valent pas les rites des écoles où l'on enseigne les sciences; si je me rappelle que ce fut pour ces considérations que la mere de Memcius changea trois fois de maison; si, depuis mon enfance jusqu'à la vieillesse, je m'applique avec une égale ardeur à la pratique de la vertu; peu à peu mon esprit, comme celui de Memcius, acquerra une constance & une égalité inaltérables.

Quiconque n'aspire pas à une haute vertu, rampe, comme les

hommes vulgaires, dans un cercle de petites occupations & de petites pafsions bafses.

Mais celui qui, entendant prononcer le nom d'Yen & de Memcius, dit en lui-même, Comment, petit homme que je fuis, oferois-je entreprendre d'imiter ces héros ? celui-là, dis-je, n'eft pas propre à recevoir la doctrine fublime des fages. Qui, à la vue de ce caractere bas, voudroit fe charger de lui enfeigner la fagefse ? Privé de cette inftruction, il n'entendra que les difcours des petits hommes méprifables & bas qui ne lui donneront que du mépris pour la vertu, pour l'exactitude, pour ceux qui fe reprochent leurs fautes & qui fe corrigent : imbu de cette doctrine

vicieuſe, il paſsera aux actions vi-
cieuſes, & ſera ſemblable à un
homme qui eſt aſsis au milieu d'un
appartement fermé où il ne peut
voir la lumiere, quoiqu'il le deſire.

Ma - Yven, gouverneur d'une
ville, avoit deux neveux moqueurs,
frondeurs, & qui étoient en ſociété
intime avec de jeunes gens d'une
grande force, étourdis & témérai-
res. Leur oncle leur écrivit la lettre
ſuivante :

Je voudrois que vous entendiſ-
ſiez les fautes des autres comme le
nom de votre pere & de votre mere,
qui peut bien frapper votre oreille,
mais qui ne doit jamais ſortir de
votre bouche. J'ai en horreur ceux
qui aiment à juger les autres, à
publier leurs défauts, à blâmer les
loix

loix équitables du royaume ; & j'aimerois mieux apprendre votre mort que de vous voir livré à ces vices. Autrefois Lum-Pé-Kao , gouverneur d'une ville , se distinguoit par sa vérité, par sa candeur, par son exactitude, par sa prudence ; il étoit sincere dans ses discours, humble, modeste , tempérant, respectueux, équitable & grave. Je l'aime & l'estime beaucoup : je desire ardemment que vous l'imitiez.

Le ministre Tu-Ki-Léam se rendit illustre par son habileté , par son génie, par sa force ; il avoit une équité merveilleuse ; il étoit triste avec les tristes, & partageoit la gaieté de ceux qui se réjouissoient ; il ne commettoit point de fautes, soit en particulier , soit en public. A la mort de son pere, les citoyens de plusieurs villes accoururent pour honorer ses funérailles.

Je l'estime & je l'aime aussi beaucoup; mais je ne souhaite point que vous le preniez pour modele & que vous l'imitiez.

Voici la cause de la différence de mes souhaits. En imitant le préfet Pé-Kao, quoique vous ne l'égaliez pas, cependant vous pouvez en approcher, & vous serez au moins des hommes prudents & graves; & comme le proverbe le dit : *Une cicogne mal dessinée paroît cependant être de l'espece des canards des bois.* Au contraire, si en imitant le ministre Ki-Léam vous n'en approchez pas, vous ne serez qu'un petit homme téméraire &

méprifable ; & comme un autre proverbe le dit : *Un tigre mal peint refsemble à un chien.*

L'empereur Kao-Lié, de la famille des Han, étant fur le point de mourir, difoit à fon fils, héritier de l'empire : Ne vous permettez jamais de faire un mal parcequ'il eft petit, ni de négliger de faire un bien parcequ'il eft médiocre.

Le premier miniftre de cet empereur écrivoit à fon fils : Il faut que la vie du fage foit tranquille pour qu'il regle les mœurs ; il faut qu'il foit tempérant pour fortifier fes vertus. Il faut que le ftudieux foit tranquille & que l'ingénieux foit appliqué : fi l'ingénieux ne s'applique pas, fon efprit ne s'étendra point;

& le studieux ne fera point de progrès, s'il n'est pas en repos. Le paresseux ne peut discerner les choses
fines, & l'homme agité ne peut
suivre & régler son penchant & son
caractere naturel. L'âge & le temps
s'envolent ; l'ardeur de la vertu
fuit ordinairement avec les années,
& par conséquent ne tarde pas à
s'éteindre : alors vous gémirez sur
le temps perdu ; mais comment le
réparer ?

Le premier ministre Lieu-Pié,
dans son livre de l'instruction do-
mestique, dit : Celui qui n'a pas
soin de sa propre réputation désho-
nore ses parents, & de là naissent
cinq vices principaux qu'il est de
la derniere importance de connoître.

Le premier eſt d'aimer paſsion-
nément la volupté, d'avoir en horreur la ſobriété, de ne penſer qu'à
ſon utilité & à ſes avantages per-
ſonnels, d'impoſer ſilence à toutes
les repréſentations qui tendent à
exciter le ſentiment de l'humanité
pour tous ceux qui ſouffrent.

Le ſecond eſt d'ignorer les regles
de l'honnêteté qu'enſeignent les
lettrés, de n'avoir aucun goût pour
la doctrine des anciens ſages, de ne
rougir pas de honte & de confuſion
à la vue de leurs exemples, de plai-
ſanter & de ſe livrer à la nonchalance lorſqu'on parle de choſes qui
demandent une prompte exécution,
d'avoir de l'averſion pour les hommes éclairés parceque l'on eſt igno
rant.

Le troisieme est de dédaigner ceux qui sont au-dessus de soi, d'aimer les flatteurs, de ne trouver du plaisir & de l'amusement que dans les entretiens frivoles ou bouffons, de n'éprouver qu'un sentiment d'envie au récit des vertus des autres, de tâcher de découvrir leurs défauts pour les publier, de se familiariser avec les mauvaises actions, d'être sans équité, d'aimer la magnificence, & de s'enorgueillir de la richesse & de la beauté de ses habits : en quoi donc cet homme differe-t-il de ses valets ?

Le quatrieme est de prendre un grand plaisir aux comédies & d'y attacher un grand prix, d'aimer à boire, de louer les grands buveurs, de mépriser l'exactitude à remplir

ses devoirs, & de s'habituer tellement à ces vices, qu'on ne puisse
s'en corriger.

Le cinquieme est d'ambitionner
pafsionnément les dignités hono-
rifiques, & de se rendre l'esclave
de ceux qui ont du crédit. Un tel
homme peut parvenir à quelque
petite dignité : mais il est haï de
tout le monde ; comment donc
pourroit-il la conserver ?

Lorsque je réfléchis sur les no-
bles & illustres maisons, je vois
qu'elles ont toutes pour chefs &
pour fondateurs des aïeux renommés par l'éclat de leur piété filiale,
de leur fidélité, de leur application,
de leur tempérance, & qu'elles sont
toutes renversées par la perversité,
par l'ignorance, par la prodigalité,

par le luxe de leurs defcendants dégénérés; je vois qu'il leur a été prefque aufsi difficile de s'élever que de monter au ciel, & qu'elles ont été détruites avec autant de facilité qu'on brûle une plume. N'oubliez donc jamais les confeils que je vous donne; gravez-les profondément au fond de votre cœur, & pour ainfi dire fur vos os.

Fanché, prince du royaume de Lu, premier miniftre & confeiller de l'empereur, avoit un neveu qui le prefsoit continuellement d'employer fon crédit pour l'avancer dans les dignités. L'oncle écrivit à fon neveu une inftruction dont voici le précis.

1°. Rien n'eft plus efsentiel pour bien régler fes mœurs que la piété

filiale & l'amour fraternel ; obéif-
sez à vos parents & à vos fupérieurs
avec un vifage ferein ; ne laifsez
jamais échapper le moindre indice
d'orgueil ou de fierté ; entretenez
foigneufement au-dedans de vous-
même un fentiment de crainte mê-
lé de refpect, & ne vous écartez
jamais de ces maximes.

2°. Soyez bien convaincu que,
pour parvenir aux dignités, rien
n'eft plus nécefsaire qu'une grande
application & une étude profonde
de la fcience des mœurs & du gouvernement : apprenez donc à entendre bien les maximes des anciens fages.

3°. Éloignez de vous tout fentiment qui pourroit vous faire rougir
lorfque vous rendez aux autres

l'honneur que vous leur devez, afin de ne vous écarter jamais de la droite raison & de l'honnêteté ; rabaissez-vous à vos propres yeux, & pensez avantageusement des autres ; préférez toujours l'utilité publique à votre utilité particuliere.

4°. N'ayez point l'esprit dissipé, car vous ne pourriez conserver la modestie sérieuse & décente d'un homme lettré. Le prince Cheu-Kum & Confucius ont transmis une belle doctrime : mais sous les empereurs Cy & Léam on s'enthousiasma pour le systême vain & dangereux du repos & du vuide. Ces chimeres eurent pour principaux défenseurs huit hommes qui acquirent de la célébrité, & dont les noms ont souillé nos fastes pendant près de mille ans.

5°. Soyez en garde contre l'amour du vin, c'eſt le poiſon de la vertu; & l'homme le plus appliqué & le plus doux, s'il s'y livre, devient pareſſeux & féroce : tout le monde ſait de combien de royaumes il a cauſé la ruine.

6°. Parlez peu ; on mépriſe le grand parleur. L'indiſcrétion, les éloges ou le blâme outrés, attirent preſque toujours de fàcheuſes affaires.

7°. Tout le monde attache un grand prix à l'amitié, & l'on compare ordinairement les amis à une chaîne d'or ou à un bouquet de fleurs. Si vous voulez conſerver vos amis, ne ſoyez pas comme ces petits hommes qui, ſemblables aux vents impétueux dont le ſouffle ſouleve les flots, ſe tranſportent de rage & de fureur pour le plus petit mot ; imitez plutôt les sages dont le cœur magnanime ne s'offense pas d'un mot échappé, & qui entend les discours insipides ou déplacés comme il voit l'eau courante.

8°. On aime ordinairement les flatteurs, & ils inspirent de l'orgueil & de l'arrogance à ceux qui les écoutent : cependant on devroit savoir qu'ils se moquent de ceux qu'ils louent. Les anciens les avoient en horreur ; ils les appelloient des poitrines de tortues & des dos de chameaux, parceque ces deux choses ne peuvent s'élever.

9°. Ne recherchez point la société des hommes forts & robustes ; ils se mêlent presque toujours dans les querelles, & s'attirent de fâcheuses affaires.

10°. Tout le monde hait & méprise ces petits hommes esclaves de leur corps, pasfionnés pour le luxe & pour la prodigalité, qui aiment les beaux chevaux & les habits riches, & qui, enorgueillis de ces prétendus avantages, se préferent infiniment à tous les autres : loués peut-être & admirés par quelques enfants de la populace, ils sont l'objet du mépris des hommes sages & prudents.

11°. Vous me voyez au comble de la grandeur, mais comme un homme sur le penchant d'un précipice, ou qui marche sur une glace fragile : plaignez-moi donc, & ne me presfez pas d'augmenter mes torts. Renfermez-vous dans votre maison, vivez-y dans la re

traite ; fuyez la célébrité & l'autorité : la providence est la dispensa-
trice des richesses & des honneurs ;
il faut attendre ses moments. Enfin songez que celui qui court trop
vîte perd sa peine.

12°. Il y a trois classes d'hommes : les grands hommes, qui sont
bons, quoiqu'ils n'aient point d'instruction ; les moyens, que l'instruction a rendus bons ; les troisiemes
& les derniers, qui, quoiqu'on les
ait instruits, sont mauvais. Les
premiers n'ont-ils pas une bonté
d'ame donnée & formée par la nature même ? les seconds n'ont-ils
pas une sagesse acquise par le travail & par l'étude ? & les troisiemes
n'ont-ils pas une nature pervertie
par l'ignorance ? Ceux qui se con-

duifent bien font heureux, & ceux
qui fe conduifent mal font malheureux. Jamais rien de déshonnête ne frappe ni les yeux ni les
oreilles des premiers ; jamais rien
de déshonnête ne fort de leur bouche ; jamais ils ne mettent les pieds
dans un lieu déshonnête ; ils ne fré-
quentent point les mauvaifes fo-
ciétés, & ne reçoivent rien injuftement ; ils s'approchent des fages
comme on s'approche des fleurs qui
répandent une odeur agréable, &
ils fuient les méchants comme on
fuit les ferpents & les fcorpions.

Si l'on me difoit que les premiers
ne font pas heureux, je n'en croirois rien.

Quant à ces hommes faux &
avantageux, avides de richeffes,

qui affectent de prendre le masque
de la vertu, & qui se réjouissent
du mal des autres, ils haïssent les
gens de bien comme l'ennemi hait
celui qui lui tend une embuscade;
ils violent les loix comme on mange lorsqu'on a faim, ou comme on
boit lorsque l'on a soif: quant à
ces hommes, dis-je, si quelqu'un
me disoit qu'ils ne sont pas malheureux, je ne le croirois pas. On
lit dans le livre des annales : « Le
« jour entier ne suffit pas à l'hom-
« me heureux pour faire du bien,
« ni à celui qui est malheureux
« pour faire du mal. »

§. II.

Maximes des modernes sur les cinq devoirs.

Ce paragraphe traite des devoirs des enfants & des domeſtiques, de l'exactitude à obſerver les cérémonies de l'impoſition du premier chapeau, de la néceſsité d'obſerver les rites pour le deuil des peres & des meres & pour les cérémonies des ancêtres, des devoirs des magiſtrats, en un mot de tout ce que l'on a vu ſur les cinq devoirs ; on y expoſe les ſentiments des docteurs modernes qui ne font qu'employer les principes des anciens. Ce ſeroit une répétition inutile que de traduire ce paragraphe en entier ; je ne donnerai que ce qui m'a paru contenir quelque choſe de particulier.

UN pere qui appelle un médecin ignorant pour traiter ſon fils

N iij

malade, manque à la tendresse qu'il doit à son fils; & un fils qui appelle un médecin ignorant pour traiter son pere malade, manque aux devoirs de la piété filiale : il seroit donc à propos que les enfants eussent quelque connoissance de la médecine.

Il y a des hommes vains & infectés des erreurs de la secte de Foé qui regardent comme l'essentiel des devoirs funebres de faire beaucoup de présents à l'idole de Foé & à ses ministres ; ils prétendent que ces présents effacent les fautes des morts & leur ouvrent l'entrée du ciel, & que, lorsqu'on ne fait pas ces offrandes, les morts sont précipités dans l'enfer, où ils sont déchirés à coups de couteaux, brûlés, broyés, &c.

Ils ne font pas attention qu'après la mort le corps fe difsout par la putréfaction, & que l'efprit difparoît comme un fouffle, & que par conféquent rien de ce qui compofoit l'homme n'eft fujet à l'action de ces couteaux & du feu, quand toutes ces chofes exifteroient dans les entrailles de la terre.

D'ailleurs, avant que la fecte de Foé s'établît à la Chine, beaucoup d'hommes font morts & font revenus fur la terre, puifqu'ils admettent la métempfycofe : pourquoi aucun d'eux n'a-t-il vu ces dix rois que les fectateurs de Foé difent qui regnent dans les enfers ?

Le célebre Yen, dans fon inftruction domeftique, difoit à fes enfants : Notre famille s'eft toujours appliquée à combattre par ſes ouvrages & par ſes diſcours toutes les ſuperſtitions & les caracteres magiques de ces ſectes ; gardez-vous bien de donner dans ces vaines & monſtrueuſes innovations.

Le miniſtre Fam-Ven-Tim rempliſsoit une haute magiſtrature, & parloit ainſi à ſes enfants : Lorſque j'étois pauvre, feu votre mere & moi nourriſsions ma mere ; votre mere faiſoit cuire les aliments, & je ne pouvois alors donner à ma mere des aliments délicats : aujourd'hui j'ai des richeſses conſidérables par le moyen des émoluments attachés à ma charge ; mais je ſuis privé du plaiſir de procurer une nourriture agréable à ma mere & à la vôtre, puiſque la mort nous

les a enlevées, & je vous avoue
que je ne peux vous voir jouir feuls
de mes richeſses. Parmi le grand
nombre de parents que j'ai, il y
en a de plus proches & de plus
éloignés ; mais lorſque je conſidere
que nous avons tous un aïeul commun, tous les différents degrés de
parenté diſparoiſsent, & je les vois,
ainſi que moi, comme les enfants
d'un méme pere : puis-je les envi-
ſager ſous ce rapport & les voir
ſouffrir le froid & la faim ſans les
ſecourir ? D'ailleurs il y a plus d'un
ſiecle que nos ancêtres ont commencé à s'illuſtrer par leur mérite
& par leur vertu, & la jouiſsance
même de ma charge eſt le fruit de
leur mérite & de leur vertu, & en
quelque ſorte une partie de leur

héritage. Si, réfervant pour moi feul mes richeffes, j'étois infenfible à l'état de mes parents, comment pourrois-je me préfenter à mes ancêtres après ma mort? oferois-je même pendant ma vie entrer dans leurs falles? N'oubliez jamais les inftructions que je vous donne aujourd'hui: partagez avec vos parents toutes ces richeffes & tous les appointements de ma charge, & léguez-leur après votre mort tous les fecours dont ils auront befoin.

Lorfque vous voulez marier votre fils ou votre fille, ne cherchez dans l'époux ou dans l'époufe que le beau naturel, la vertu & la bonne éducation qu'ils ont reçues dans la maifon. Préférez ces avantages aux richeſses & aux honneurs : car ſi l'époux eſt ſage, quoique pauvre & obſcur, il deviendra riche & il-luſtre ; au contraire, s'il eſt écer-velé & diſsipé, de noble & de riche qu'il eſt en ſe mariant, il tombera bientôt dans le mépris & dans la pauvreté.

La grandeur ou la ruine des fa-milles vient ſouvent des femmes : ſi vous épouſez une femme pour ſa richeſse, elle ſera orgueilleuſe & mépriſera ſon mari, ſon beau-pere, ſa belle-mere, & mettra le trou-ble dans la maiſon. D'ailleurs un mari qui a des ſentiments élevés peut-il penſer, ſans un ſentiment de honte & d'humiliation, qu'il n'eſt riche & honoré que par ſa femme ?

Lorſque vous mariez votre fille, choifiſsez-lui un mari dans une famille plus diſtinguée que la vôtre, parcequ'elle ne s'écartera point de la déférence qu'elle doit à ſon beau-pere, à ſa belle-mere, à ſon mari, & alors la paix & le bonheur régneront dans la maiſon : au contraire, lorſque vous mariez votre fils, choifiſsez-lui une femme dans une famille moins diſtinguée que la vôtre, parcequ'elle ſe comportera bien avec ſon mari, avec ſon beau-pere & avec ſa belle-mere.

Dans ces temps de perverfité on ne forme que des ſociétés de plaifir, de jeu, de débauche; on ne veut que des amis agréables par leurs adulations, ou qui plaiſent

par de bons mots, qui divertifsent
par des facéties, par des farces, par
des bouffonneries ; on a banni du
commerce des amis le devoir & le
droit de s'avertir. Une pareille amitié peut-elle être folide ? peut-elle
être durable entre des hommes qui
ne refpectent ni eux-mêmes ni leurs
amis ? Les amis doivent être réciproquement l'un à l'égard de l'autre comme le roi & fon miniftre
par rapport au refpect.

§. III.

*Maximes des modernes fur le foin
avec lequel on doit veiller fur
foi-même.*

L'HOMME pieux obferve l'équité fans vue d'intérêt, & remplit fon

devoir fans efpérer une récom-
penfe.

Les projets de l'audacieux font
élevés, & fon cœur eft bas : les
deffeins de l'homme prudent font
convenables, & il les exécute.

Un ancien proverbe porte que
celui qui veut devenir vertueux eft
femblable à un homme qui gravit
une montagne efcarpée, & que
celui qui s'abandonne au vice eft
femblable à un homme qui tombe
dans un précipice.

Le docteur Yao-Yen menoit une
vie privée, & nourriffoit fes parents fort âgés. Il difoit à fes enfants : Quand je céderois toujours
le pas aux autres dans le chemin,
cela ne me retarderoit pas de cent
pas dans toute ma vie ; & quand je

céderois toujours au laboureur voifin fur les limites des champs, je
ne perdrois pas un arpent de terre
dans toute ma vie.

Lorfqu'on écoute les maximes de
la morale, elles doivent pafser de
l'oreille dans le cœur, y féconder
la vertu, & produire de grandes
actions au dehors : car s'appliquer
uniquement à l'éloquence & négliger la fcience de bien vivre, eft le
caractere des efprits abjects & vils.

Celui qui ne veut pas qu'on l'a-
vertifse de fes fautes eft femblable
à un malade qui craint le médecin,
& qui aime mieux mourir que de
faire des remedes.

Les préceptes renfermés dans les
livres des anciens fages ont pour
but d'empêcher la diffipation de

l'efprit, & lorfqu'on a recueilli fon efprit, de l'élever à la fcience célefte : or on arrive facilement à la fcience célefte par la connoifsance des chofes terreftres. Que jamais le cœur ne quitte le corps : fi le corps eft modefte, l'efprit ne tarde pas à être honnête ; & fi l'efprit eft honnête, les mauvaifes inclinations s'éteignent d'elles-mêmes.

Il n'y a perfonne qui ne defire & qui ne recherche ce qui peut fervir à l'ornement du corps, & prefque perfonne qui defire ou qui recherche ce qui peut fervir à l'ornement de l'efprit : cependant celui-là n'eft pas bon, qui, ayant ce qu'il y a de plus excellent pour former fes mœurs, n'en fait point ufage.

Voici quelques confeils pour fe

conduire. Notre esprit, par sa nature, est incorporel; & cependant il est affecté & changé par les choses corporelles : ainsi il a besoin d'être gouverné. La fonction de l'œil peut avoir beaucoup d'influence sur l'esprit : si l'œil n'est affecté que par des choses mauvaises, l'esprit se déprave ; au contraire, s'il s'en éloigne, il conserve sa tranquillité primitive, & peut, en remportant long-temps cette victoire sur lui-même, parvenir à la vraie droiture du cœur.

La nature que l'homme reçoit du ciel est droite; mais il perd cette droiture innée lorsque son esprit se plaît à entendre de mauvaises choses, & qu'il les desire. Les grands maîtres de la prudence ont conservé la droiture de leur esprit en fermant leurs oreilles aux mauvais discours : ne vous permettez donc jameis de prêter l'oreille aux discours contraires à l'honnêteté.

Les paroles qui échappent à l'homme peuvent causer du mouvement dans son esprit : garantissez-vous donc, en parlant, de la précipitation, de la légèreté, de la vanité, & votre esprit sera tranquille & recueilli. D'ailleurs la paix ou la guerre, le malheur ou le bonheur, l'infamie ou la gloire, n'ont souvent pour causes que des paroles : veillez donc soigneusement sur tous vos discours. L'homme qui parle légèrement dit beaucoup de mensonges, & le grand parleur beaucoup d'absurdités. De plus, vous devez compter que, si vous aimez à parler ou à contredire, tout ce que vous direz d'injurieux ou de défobligeant vous reviendra avec ufure : ne vous écartez donc point des regles que les anciens fages ont prefcrites pour parler. Les hommes prudents font folides dans leurs confeils & dans leurs penfées, parcequ'ils voient bien. Les hommes courageux font conftants dans leurs entreprifes & dans leurs réfolutions, parcequ'ils aiment les chofes difficiles. Les uns & les autres aiment à fuivre franchement & conftamment le chemin de la droite raifon ; au contraire, ceux qui fuivent aveuglément leurs pafsions font dans l'inquiétude & dans la perplexité lorfqu'ils agifsent. Si un homme peut être maître de lui-même dans les événements imprévus & prévoyant dans les dangers, il peut, en s'accoutumant peu à peu à cette vigilance, s'élever à un haut degré de fagesse.& à une vertu inaltérable.

Trois chofes font ordinairement dangereufes : 1°. d'être élevé trop jeune à une grande charge; 2°. de fe prévaloir arrogamment de la dignité de fon frere ou de fon pere; 3°. de furpafser beaucoup les autres par fon habileté, par fon efprit, par fon éloquence.

Aujourd'hui les lettrés n'aiment que la bonne chere & la difsipation; ils ne s'appliquent point à l'étude, & ne travaillent à aucun ouvrage important, femblables à ces petits hommes méprifables qui ne penfent qu'à la parure & à la bonne chere, & s'enfevelifsent dans la mollefse & dans la volupté.

Le docteur Fan-Chum-Si-Ven difoit à fes freres & à fes enfants : Les plus ftupides ont beaucoup de fagacité lorfqu'il s'agit de cenfurer les autres ; & les plus clairvoyants font ftupides lorfqu'il s'agit de leur propre cenfure. Changez de mé-thode ; voyez vos défauts comme on voit ceux des autres , & ceux des autres comme vous voyez les vôtres : mais ne vous défefpérez pas fi vous n'égalez pas les hommes qui fe font élevés à un haut degré d'ex-cellence & de fagefse.

Yen , dans fon livre de l'inftitu-tion de la difcipline domeftique , dit : L'objet de tout diſciple eſt d'éclairer ſon eſprit & d'exciter ſon cœur aux actions droites & utiles : j'adreſse donc à tous les diſciples les conſeils ſuivants.

Que les diſciples qui ne connoiſsent pas les devoirs de la piété filiale voient avec quel empreſsement les anciens cherchoient à procurer de l'agrément & de la ſatisfaction à leurs parents ; avec quel plaiſir & quelle ſérénité ils leur obéiſsoient ; avec quelle douceur & quelle affection ils leur parloient ; quelle peine ils ſe donnoient ; à quels dangers même il s'expoſoient pour leur procurer une nourriture ſaine, agréable & abondante ; avec quelle modeſtie & quelle défiance d'eux-mêmes ils s'excitoient à les imiter.

Que ceux qui manquent d'ardeur pour le service du roi voient comment les anciens remplissoient leurs charges ; avec quelle intrépidité ils affrontoient les périls ; avec quel courage ils mouroient pour la patrie ; avec quelle noble sincérité ils avertissoient le roi lorsqu'il se trompoit ; combien ils étoient attentifs à tout ce qui pouvoit contribuer au bien public.

Que ceux qui ont contracté l'habitude de l'orgueil & du luxe voient combien les anciens étoient modestes, respectueux, tempérants ; combien ils s'estimoient au-dessous de leur mérite ; comment, dans leurs instructions, ils ne se proposoient que l'honnêteté ; combien ils s'appliquoient à bien régler leurs

mœurs ; comment, en les exami-
nant, ils fe jugeoient févèrement
& s'humilioient à la vue de leurs
fautes.

Que ceux qui font bas & domi-
nés par l'avarice confiderent l'a-
mour des anciens pour l'équité,
leur mépris pour les richefses ; ils
penfoient à peine à leurs intérêts ;
ils ne fe permettoient que le moins
qu'ils pouvoient de befoins & de
defirs ; ils craignoient une grande
abondance, & avoient en horreur
l'excefsive opulence ; ils fecou-
roient les pauvres. Que les avares,
à la vue de ce fpectacle, fe con-
fondent, déteftent leur cupidité,
& diftribuent aux pauvres leurs richefses accumulées.

Que les hommes coleres & fé-
roces

roces voient comment les anciens se rendoient maîtres même de leurs premiers mouvements , de leur bouche & de leur langue ; leur profond silence sur les fautes des autres ; leur attention à voiler leurs vices ; leur respect pour tous les sages ; les honneurs & les services qu'ils leur rendoient.

Que les foibles & les pusillanimes voient comment les anciens se confioient à la providence, & passoient sans crainte leur vie : courageux, droits, équitables , ils étoient fideles à leur parole & constants dans l'amour de la vertu.

Que les craintifs & les pusillanimes pensent souvent à ces anciens , & que leurs exemples leur inspirent le courage & l'intrépidité, qui peuvent feuls produire de grandes actions.

S'ils n'égalent pas ces modeles, ils fe corrigeront au moins en partie de leurs défauts : on fait bien du progrès lorfque l'on met en pratique ce que l'on apprend.

Mais aujourd'hui les prétendus difciples de la fagefse fe contentent de raconter les vertus & les belles actions des anciens, fans faire le moindre effort pour les imiter. Voilà pourquoi depuis fi longtemps les hommes honnêtes & ces petits hommes vains fé font une efpece de guerre de reproches & d'infultes.

Bien plus, fi quelqu'un aujourd'hui a lu fuperficiellement quelques livres, il fe croit le coryphée des lettrés, réfifte à fes fupérieurs, méprife fes égaux, en forte que tout le monde le hait comme un ennemi & l'abhorre comme une harpie. L'étude des lettres lui eft non feulement inutile, mais nui-fible, & il vaudroit mieux qu'il ne les connût pas.

Il faut que les jeunes gens fachent en général les chofes aux-quelles ils s'appliquent; il faut qu'ils fe conforment fcrupuleufement à la doctrine des anciens.

Il eft nécefsaire que celui qui afpire à l'état de lettré éleve coura-geufement fon efprit, & s'applique conftamment à l'étude, & voici la méthode qu'il doit fuivre : qu'il ne pafse aucun jour dans une entiere oifiveté ; que chaque jour il life un

article ou deux des livres clafsiques ;
qu'il ne life pas beaucoup, mais
qu'il apprenne par cœur ce qu'il
aura lu, & qu'afsis tranquillement
dans fa chambre, il le répete, s'il
le faut, deux cents fois, trois cents
fois ; qu'il connoifse & qu'il en-
tende clairement & diftinctement
les mots & les penfées ; qu'au bout
de trois ou quatre jours il réunifse
fes lectures, & qu'il les répete cinq
fois, fept fois, dix fois, s'il le faut,
pour les favoir de mémoire, & ne
pas manquer un feul mot ; il faut
que chaque jour il life au moins la
moitié d'un chapitre du livre des annales, par ce moyen il les apprendra peu à peu, & les faura ; il faut
qu'il s'attache à un maître pour
éclaircir les difficultés qu'il pourra

rencontrer dans la doctrine des anciens. La fonction d'un maître est d'enseigner le chemin de la vertu, & c'est le devoir de l'ami d'animer celui qui manque d'ardeur. Mais pour marcher fermement dans le droit chemin de la sagesse, il faut faire usage de ses propres forces & ne pas compter sur celles des autres.

L'auteur du livre de l'institution des enfants dit : Apprenez aujourd'hui une chose par mémoire & demain une autre, & par la succession du temps vous saurez une infinité de choses ; ensuite discutez aujourd'hui une chose & demain une autre, & par la succession du temps vous aurez approfondi une infinité de choses ; entreprenez aujourd'hui une chose difficile & de-

main une autre , & par la fuccef-
sion du temps vous acquerrez peu
à peu une conftance à l'épreuve
des difficultés : par ce moyen votre
ame , pure comme la glace tranf-
parente , defirera naturellement de
fuivre la droite raifon , & jouira
du bonheur qu'elle aura mérité.

Lorfque la fcience des mœurs
n'eft pas florifsante , aufsitôt on
voit éclorre de petites fectes qui la
corrompent. Autrefois leurs effets
n'étoient ni confidérables ni difficiles à découvrir; mais il n'en eft
pas ainfi aujourd'hui. Autrefois ils
n'infectoient de leur doctrine que
les ignorants & les hébêtés ; mais
aujourd'hui ils féduifent des perfonnes qui ont de l'inftruction &
de la fagacité. Ces fectaires pré-

tendent connoître à fond la nature des efprits & expliquer les vicifsitudes de toutes les chofes; & cependant ils ne peuvent difsiper les ténebres qui enveloppent leur efprit, & ne font rien pour l'utilité publique.

Les difcours qu'ils tiennent, les actions qu'on leur voit faire, ont, il eft vrai, je ne fais quelle apparence de décence impofante; mais ils bouleverfent tout l'ordre des cinq conditions de la fociété humaine. Ils prétendent pénétrer les chofes obfcures & difficiles; mais ils ne peuvent fuivre l'exemple d'Yao & de Chun. Aujourd'hui la plupart des lettrés s'afsocient peu à peu à cette fecte. Voilà pourquoi la doctrine des anciens eft négligée;

voilà pourquoi les dogmes faux
& dangereux de ces fectaires font
du progrès ; voilà comment les
peuples, féduits par eux, ferment
les yeux & les oreilles à la vérité,
& tombent dans un abyme d'erreurs, quoiqu'on trouve parmi ces
fectaires une infinité de perfonnes
qui ont beaucoup d'efprit & d'intelligence. Leurs yeux fafcinés par
ce qu'ils voïent, & leurs oreilles
charmées par ce qu'ils entendent,
ne leur permettent pas d'apperce-
voir leurs erreurs ; on croit voir
des hommes ivres, ou entendre
des perfonnes qui rêvent. Ainfi aujourd'hui le chemin de la droiture,
de la raifon & de la vertu, eft hé-
rifsé & prefque couvert d'épines &
de buifsons, parcequ'il n'eft plus

fréquenté. Rien n'est donc plus important que de réfuter les erreurs de ces sectaires, si l'on veut rétablir la morale & faire revivre l'amour de la vertu.

CHAPITRE VI.

EXEMPLES TIRÉS DES MODERNES.

§. I.

Exemples sur l'éducation.

LE préfet Lin-Yum disoit en gémissant : Depuis les dynasties des Hoéi & des Tam, presque tous les lettrés, disciples ou maîtres, ne s'appliquent qu'à parler en style fleuri, méprisent l'esprit, la doc-

trine & la conduite des anciens, &
ne s'occupent qu'à se procurer par
toutes sortes de moyens justes ou
injustes, honnêtes ou malhonnêtes,
des dignités & des richesses.

Lorsqu'il étoit président des lettres dans les villes de Su-Chen &
de Hu-Chen, il instruisoit ses disciples avec une gravité & une modestie singulieres. Dans les plus grandes chaleurs il étoit revêtu de l'habit de sa dignité, tant il étoit attaché à l'honnêteté qui doit régner
entre le maître & le disciple. Il ex-
pliquoit dans le plus grand détail
les choses importantes, & sur-tout
celles qui avoient rapport aux
mœurs, ou à l'art de gouverner les
autres. Un nombre prodigieux de
disciples alloient écouter ses in-

struions, & plus de mille s'éle-
verent à un haut degré de lumiere
& de fagefse. Dans la compofition
de fes difcours il s'appliquoit beaucoup à développer le fens des anciens, & beaucoup plus à expliquer
leur doctrine avec clarté qu'à l'expofer en ftyle fleuri & en belles
phrafes.

Lorfqu'il fut créé préfident du
college royal dans la capitale, on
venoit l'entendre de toutes les parties du royaume, & fon école ne
pouvoit contenir le nombre de fes
difciples. Il érigea, comme il avoit
fait dans la ville de Hu · Heu,
deux écoles, l'une pour l'explica-
tion, & l'autre pour le gouvernement. Il faifoit pafser dans l'école
de l'interprétation ceux qui s'é-

jufqu'aux devoirs les plus impor-
tants, afin de conduire peu à peu
& par degrés l'homme à la perfection.

L'objet principal de cette inftruction eft de faire en forte que chacun, par l'exemple de fes vertus &
de fes bonnes mœurs, attire pour
ainfi dire les autres & les éleve à
l'honnêteté, & devienne un fage.
Il faut enfuite parmi ceux-ci choifir
les plus vertueux & les plus habiles
pour les élever aux plus importantes fonctions du college royal : les
autres, difperfés dans l'empire, pré-
fideront dans les écoles des villes ;
& l'on choifira parmi ceux-ci ceux
qui fe diftingueront par leur capa-
cité & par leur vertu pour les établir préfets des colleges dans des

villes plus confidérables. Ce fera parmi les plus diftingués de ces préfets que l'on choifira les préfidents des cérémonies ; & lorfqu'ils feront fuffifamment inftruits, on les propofera à l'empereur pour de plus hautes dignités : mais il faut que ceux que l'on choifira foient des hommes droits, integres, foumis à leurs parents, à leurs freres aînés & à leurs fupérieurs, tempérants, honnêtes, polis, fpirituels, favants & habiles dans la fcience du gouvernement.

Un lettré, nommé Lin, né dans la ville de Lieu-Teng, avoit fait avec plufieurs de fes concitoyens une efpece de fociété dont voici les loix.

Tous les afociés devoient s'exciter réciproquement à l'étude & à

la vertu, & s'avertir continuellement de leurs fautes; ils s'invi-
toient chacun à toutes leurs fêtes
& à toutes leurs folemnités; ils fe
prêtoient un fecours mutuel dans
leurs befoins & dans leurs peines;
ou écrivoit dans le regiftre de la
fociété tout ce que chacun des
membres faifoit de louable, aufsi-
bien que ce qui étoit contraire aux
loix de la fociété, & l'on excluoit
inexorablement celui qui retom-
boit trois fois dans la même faute
après avoir été averti.

Il y a un ordre qu'il faut fuivre
pour acquérir une parfaite connoifsance des chofes, un véritable
amour du bien & une haine fincere
du mal, afin de faire régner la paix
dans tout l'empire. Il faut fuivre

ce même ordre pour pasfer des exercices des écoles des enfants aux fciences fupérieures. Mais aujourd'hui les jeunes gens dédaignent ce qu'il y a de facile dans l'inftruction, & fe portent d'abord aux chofes les plus difficiles; & à peine capables de fe traîner à terre, ils veulent s'élever aux plus hautes connoifsances: il arrive de là qu'enflés de leurs vaines penfées, ils ne favent jamais rien folidement.

§. II.

Exemples des modernes fur les cinq devoirs.

Kum-Ké perdit fon pere, n'étant encore qu'enfant, & demeura feul avec fa mere. Lorfqu'il fut devenu grand, la guerre civile s'alluma, & la ville qu'il habitoit fut remplie de brigands qui la défoloient. Kum-Ké chargea fa mere fur fes épaules, & s'enfuit au milieu de mille dangers dans un lieu écarté où il nourrifsoit fa mere de racines, de légumes & de fruits. Un jour il fut arrêté par des voleurs qui vouloient le tuer : J'ai, leur dit-il, une mere âgée que je nourris, & qui mourra fi vous me tuez; je vous conjure de me laifser vivre pour elle. Les voleurs lui accordent la vie & la liberté; il vole vers fa mere & la reporte dans la ville, où il la nourrit de fon travail, étant lui-même prefque nu, & fe refufant tout pour ne la laifser manquer de rien.

Le jeune Sié-Pao travailloit avec

une ardeur infatigable pour acquérir des lumieres & de la vertu. Son
pere pafsa à de fecondes noces, &
conçut pour fon fils une haine fi
violente, qu'il le chafsa de la maifon. Le jeune homme, qui ne pouvoit fe féparer de fon pere, pleu-
roit, gémifsoit & rentroit. Le pere
l'ayant maltraité & chafsé à grands
coups, il fe bâtit une petite hutte
à côté de la maifon paternelle, &
venoit tous les matins la balayer &
l'arrofer. Le pere abattit la hutte.
Le fils fe procura un petit logement
dans le voifinage, & venoit tous
les matins & tous les foirs fe préfenter à fon pere pour remplir auprès de lui fes devoirs. Une année
& plus fe pafsa fans que ce fils fe
rebutât; & alors le pere, honteux

de sa dureté, le rappella. Quelque temps après les parents de Sié-Pao moururent.

Après le deuil triennal, ses freres cadets lui proposerent de partager les biens paternels : il y consentit, & prit pour lui ce qu'il y avoit de plus mauvais. Voilà, dit-il, des valets & des servantes qui sont depuis long-temps à notre service ; vous auriez de la peine à les gouverner, ils demeureront avec moi. Je suis accoutumé depuis l'enfance à cultiver ces terres infertiles, & à demeurer dans ces maisons délabrées ; j'aurois de la peine à les quitter, elles seront à moi. Je me suis toujours servi de ces vases à demi brisés pour boire & pour manger ; ils me plaisent, & je les garde.

Ses freres eurent bientôt diſsipé leur héritage, & Sié-Pao vint généreuſement à leur ſecours.

Yam-Y étoit commandant de la cavalerie, & Su-Ma-Chao général de l'armée qui fut défaite. Le général demanda publiquement le lendemain à quoi l'on pouvoit attribuer cette déroute. Au général, dit le commandant de la cavalerie. Su-Ma-Chao lui fit trancher la tête. Yam-Y avoit un fils nommé Vam-Men qui quitta le ſervice, ſe fit maître d'école, refuſa trois fois une dignité que l'empereur lui offroit, & ſe déroba ſouvent par la fuite aux inſtances qu'on lui fit pour entrer dans les charges. Il ſe fixa auprès du tombeau de ſon pere, y alloit le matin & le ſoir lui

rendre son hommage comme s'il
eût été vivant, planta sur ce tombeau un cyprès qu'il arrosoit de
ses larmes. Il étoit réduit à une
grande pauvreté, labouroit la terre
& nourrissoit des vers à soie; mais
il ne cultivoit de la terre & ne
nourrissoit des vers à soie qu'autant qu'il falloit pour le faire vivre
& pour l'habiller lui & ses domestiques. Ses amis le presserent inutilement de permettre qu'ils ajou-
tassent quelque chose à sa fortune.

Dans la suite Su-Ma-Chao s'em-
para de l'empire, & Vam-Men
dans toute sa vie ne s'assit jamais
la face tournée vers l'occident,
parceque Su-Ma-Chao y avoit établi sa capitale.

Une bru avoit sa belle-mere fort

âgée, décrépite même, & qui avoit perdu toutes ſes dents : la bru lui rendoit tous les ſoins poſsibles ; elle la peignoit & la coeffoit tous les matins. La belle - mere étant tombée dans le dépériſſement, la bru la nourrit de ſon lait, & par ce moyen la fit vivre pluſieurs annécs ſans douleurs & ſans infirmités. Elle fut enfin attaquée d'une maladie, fit venir tous ſes enfants, grands & petits, & leur dit : Il m'eſt impoſsible de récompenſer les ſoins & l'amour de ma bru pour moi ; je ne lui ſouhaite rien de plus pour ſon bonheur que des enfants dont elle ſoit aimée & reſpectée comme elle m'a aimée & reſpectée. Si mes vœux ſont accomplis, notre famille ne s'élevera-t-elle pas au plus haut degré de gloire où l'on puifse afpirer ? Il n'y a point eu en effet de famille aufsi heureufe & aufsi nombreufe.

Le préfet Yam-Ngam étoit redoutable à tout le monde pour fa gravité & pour fa droiture. L'empereur Vu-Ti le nomma à une des charges d'admoniteur de l'empereur ; mais fa droiture & fa franchife ne lui permirent pas de la conferver long-temps.

Dans ce temps-là l'impératrice avoit un frere roi qui étoit orgueilleux & hautain ; jamais il ne rendoit le falut à perfonne. Le préfet Yam-Ngam ne le faluoit jamais que par une petite inclination de la main.

Un jour l'empereur convoqua

tous les hommes renommés pour leur habileté dans les lettres & dans les sciences : il vouloit, disoit-il, les consulter sur le gouvernement & sur différents projets pour le bien de l'empire. Le préfet Yam-Ngam dit ainsi son avis : Votre majesté a une infinité de projets de cupidité dans l'esprit, & au dehors elle fait des actions qui annoncent de la piété & de l'équité : comment cela se peut-il concilier ? à quoi bon feindre de vouloir imiter le gouvernement des sages empereurs Tam & Yu ?

Ce discours irrita le prince, & il sortit peu après la fureur dans les yeux. Tous les grands craignirent pour la vie d'Yam-Ngam. Cependant l'empereur se contenta de dire :

Ce préfet est d'une excessive sincérité. On lui rapporta ce que l'empereur avoit dit, & il répondit : L'empereur a établi les préfets & les ministres pour l'aider, & pour l'avertir s'il se trompe. Peut-on, en flattant les desirs & les desseins du prince, le précipiter dans le vice ? Élevé à cette dignité, aimant l'empereur, falloit-il donc que je l'outrageasse ?

Au reste, je suis attaqué de beaucoup de maladies que j'ai inutilement tâché de guérir ; &, par les loix de l'empire, un ministre, dans l'état où je suis, ne doit point conserver sa charge. Il pria un des premiers ministres de faire agréer à l'empereur sa démission.

Que pensez-vous de ce préfet ?

dit l'empereur à celui qùi s'étoit chargé de demander pour lui la permifsion de fe retirer.

Quoiqu'il ne foit pas un homme fupérieur pour l'adminiftration, répondit le miniftre, il eft cependant doué d'une droiture & d'une fermeté inaltérables pour porter un jeune prince à la vertu.

Eh bien! dit le prince, autrefois, lorfque l'empereur étoit afsez heureux pour rencontrer des hommes tels qu'Yam-Ngam, il les confervoit auprès de lui.

Le prince Té-Hié, agréable à l'empereur Tay-Vu & à fon miniftre, ayant été envoyé dans la ville de Pein, s'abandonna à un mouvement d'avarice, & reçut fecrètement en préfent mille paquets d'une toile précieuse. La chose étant devenue publique, il demanda au ministre Kao-Yun, si en cas que l'empereur l'interrogeât sur ce présent, il devoit l'avouer ou le nier.

Comme l'empereur vous aime, lui dit Kao-Yun, si vous avouez, vous paroîtrez presque innocent : il ne convient pas de tromper l'empereur deux fois.

Deux autres ministres le dissuaderent, en lui disant qu'il étoit plus sûr de nier : il prit donc ce parti, & l'empereur le condamna à mort.

Le même ministre Kao-Yun fut depuis précepteur du fils de l'empereur, & ministre après l'éducation. L'historiographe inféra mal-à-propos quelque chose dans l'histoire, & le ministre Kao-Yun étoit complice de cette espece de prévarication : il devoit donc subir la mort aussi - bien que l'historiographe.

Le prince héritier son éleve, inquiet pour son maître, lui dit : J'ai trouvé un moyen pour vous sauver ; j'irai à l'empereur, & je lui dirai : Kao-Yun mon maître est exact, prudent, circonspect, & incapable de toute bassesse ; certainement il n'a point de part à la prévarication de l'historiographe : je vous demande sa grace.

Le prince ayant parlé à l'empereur, il fit venir Kao-Yun, & lui dit : Ces annales sont-elles de vous ou de l'historiographe?

Elles sont de lui & de moi, répondit Kao-Yun ; il n'a écrit que les chofes générales, & j'ai écrit les détails.

Votre précepteur eft plus coupable que l'hiftoriographe, dit l'empereur irrité : comment puis-je lui faire grace ?

Mon maître, dit le prince, a été intimidé par votre majefté, car il m'a dit que l'hiftoriographe a feul compofé les annales.

La chofe eft-elle comme le prince l'afsure ? dit l'empereur à Kao-Yun.

Je ne peux mentir, répondit Kao-Yun ; mon crime doit être puni. Le prince m'aime, il veut me fauver ; mais il ne m'a point fait la queftion qu'il dit m'avoir faite, & je ne lui ai point fait la réponfe qu'il m'attribue.

L'empereur se tourna vers son fils, & lui dit : Kao-Yun fait ce que presque personne ne pourroit faire. Celui qui, à la vue de la mort, ne dément point son caractere, doit être regardé comme un ministre vrai, fidele, & incapable de tromper. Je veux, pour faire connoître sa vérité, accorder un pardon général pour la faute à laquelle Kao-Yun a participé.

La mere de Tsuy-Hiven-Guéi lui répétoit souvent : Je me rappelle que mon cousin, qui remplissoit une charge principale, me disoit : Si jamais votre fils entre en charge, & que vous entendiez dire qu'il est pauvre & qu'il a à peine ce qui est nécesaire pour se soutenir, regardez cela comme un bon

augure & comme un indice sûr
qu'il fera élevé à une haute dignité ; fi au contraire vous entendez
dire qu'il eft riche, qu'il a beaucoup de beaux chevaux, qu'il eft
richement vêtu, attendez-vous à
le voir déchoir. Aujourd'hui je vois
que mes parents & mes alliés qui
font en charge envoient beaucoup
d'argent à leurs parents, qui le reçoivent avidement. Si ces richefses
font des économies faites fur les
revenus, cela eft louable ; mais fi
ces richefses font injuftement ac-
quifes, quelle différence y a-t-il
entre les dons de ces magiftrats &
ceux que feroient des voleurs de
grands chemins ? Quand de femblables magiftrats pourroient é-
chapper à la févérité des loix, pour-

roient-ils fe dérober aux reproches de leur confcience ? Ces inftructions, gravées profondément dans le cœur d'Hiven-Yu, en firent un magiftrat illuftre pour fon intégrité.

Le docteur Chun difoit qu'aucun des difciples du docteur Nyan-Tin n'avoit éprouvé la moindre difficulté dans les charges, parcequ'ils avoient toujours aimé le peuple conformément aux loix & aux confeils des anciens fages.

Pendant la dynaftie des Han, une femme âgée de feize ans époufa un mari qui, avant d'avoir des enfants, fut obligé de partir pour la guerre. Je ne fais, dit-il à fa femme, fi je reviendrai : j'ai une mere âgée, & je n'ai point de freres

qui puifsent la fecourir fi je mou-
rois, voudriez - vous en prendre
foin ? Oui, répondit la femme. Le
mari mourut, & la jeune veuve re-
doubla fes foins & fon amour pour
fa belle-mere. Après les trois ans
de deuil, fes parents voulurent la
remarier. Mon mari, leur dit-elle,
m'a recommandé en partant fa mere ; je lui ai promis d'en prendre
foin. Une femme qui ne nourrit
pas conftamment fa mere, & qui
manque à fes promefses, ne mérite pas de vivre ; & ce feroit le
parti que je prendrois, fi l'on vouloit m'obliger de prendre un fecond
mari. Les parents cefserent leurs
inftances, & pendant vingt-huit
ans elle continua fes foins à fa
bellę-mere, qui mourut enfin âgée

de plus de quatre-vingts ans. La belle-fille vendit tous fes biens pour fes funérailles, & tous les ans elle fit pour elle les mêmes cérémonies funebres qu'elle auroit faites pour fa mere. Le gouverneur de la ville de Hoay-Nyam en informa l'empereur, qui lui donna deux cents quarante onces d'or, & l'exempta de tout tribut.

Siven étudioit fous un maître qui, charmé de fon exactitude & de fa modeftie, lui donna fa fille en mariage, & la combla des plus riches préfents, afin qu'elle arrivât avec beaucoup de magnificence dans la maifon de fon mari. Siven dit à fon époufe : Vous avez été élevée au fein de l'opulence & des honneurs; vous êtes accoutumée

au luxe des habits, & je conçois
que ces magnifiques préfents peuvent vous plaire : mais je les trouve
peu convenables à ma pauvreté &
à mon obfcurité, & je n'oferois
les recevoir. La jeune époufe lui
dit : Mon pere m'a donnée à vous
à caufe de votre tempérance & de
votre intégrité ; je dois vous être
foumife : fi vous me croyez digne
de l'avantage que mon pere m'a
procuré, parlez, & j'obéis fur-le-
champ.

Je ferois au comble de mes vœux
& de la joie, dit Siven, fi vous
pouviez ne pas accepter ces préfents. Il avoit à peine parlé, que
la jeune époufe fit reporter à fon
pere fes riches habits & toute fa
parure, & prit des habits fimples
&

& communs, & partit avec son mari dans une petite voiture. Arrivée chez son mari, elle alla rendre ses devoirs à sa belle-mere ; & après les cérémonies du mariage, elle alla chercher de l'eau & remplit toutes les fonctions domestiques. Ses vertus la rendirent respectable & recommandable à tout le monde.

Tany-Ten avoit deux filles élevées à la campagne, l'une de dix-neuf ans & l'autre de seize, toutes deux d'une rare beauté. Une troupe de voleurs fit une irruption dans le village où elles habitoient ; elles s'enfuirent, & se cacherent dans des cavernes d'où les voleurs les arracherent & les emmenerent à leur camp. Les voleurs les conduisirent par un chemin où l'on passoit

fur le bord d'un précipice affreux.
A ce moment même l'aînée dit à fa
fœur : Il vaut mieux mourir coura-
geufement que d'être les victimes
de la brutalité de ces brigands.
Sur-le-champ elle fe précipite. La
jeune l'imite aufsitôt. A ce fpectacle, les brigands étonnés & effrayés
prennent la fuite. L'aînée mourut
fur la place ; mais la cadette n'eut
que les jambes cafsées. Le gouverneur de la ville voifine inftruifit de
cet événement l'empereur , qui
envoya un bel éloge de ces deux
fœurs, & exempta leur famille &
le bourg de tout impôt perfonnel.

Léao-Yum étoit fort jeune lorfqu'il perdit fes parents. Il avoit
quatre freres avec lefquels il vivoit
dans la plus grande union : tous

les biens étoient restés en commun.
Les freres se marierent, & leurs femmes voulurent que l'on partageât
les biens. Dès ce moment la division
fut dans la maison, & les querelles
étoient continuelles.

Léao-Yum en étoit pénétré de
douleur. Un jour il entre dans sa
chambre, ferme la porte, prend un
bâton, s'en frappe rudement la tête
en disant : Malheureux Léao-Yum !
tu veilles continuellement sur toi-
même, & tu fais tous tes efforts
pour suivre les maximes des sages
& pour pratiquer la vertu, afin de
contribuer à rétablir les mœurs
dans l'empire ; & jusqu'ici tu n'as
pu encore établir la paix & la concorde dans ta maison !

A ces mots ses freres & leurs

té toucha la belle-mere, & la corri-
gea entièrement.

Chin & Eim étoient deux freres
célebres par leur humanité, par
leur bienveillance, par leur intégrité, par leur urbanité, par leur
amour réciproque & foutenu jufqu'à la fin de leurs jours ; ils vé-
curent inféparables, & leurs maifons réunifsoient plus de cent maris, femmes, coufins ou alliés, qui
vivoient dans l'union la plus parfaite : on n'y entendit jamais ni une
difpute ni un mot défobligeant.

La Chine offre beaucoup d'e-
xemples de familles illuftres dans
l'empire par la même union & par la
même bienveillance, qui fe perpé-
tuent de génération en génération.

Ki-Cié, premier miniftre de

l'empire, avoit une sœur malade.
Étant afsis auprès du feu, il voulut lui faire chauffer un bouillon,
& le feu prit à fa barbe. Pourquoi
donc, lui dit fa sœur, prenez-vous
tant de peine, tandis que la maifon
eft remplie de valets & de fervan-
tes ? Je ne vous fais pas chauffer
ce bouillon parcequ'il n'y a perfonne dans la maifon, dit Ki-Cié;
mais vous & moi fommes vieux,
& je ne pourrai bientôt plus vous
rendre aucun fervice.

Du temps que Po-Hiao-So étoit
gouverneur de la ville de Si-Nyam,
un homme du peuple vint lui dire:
Il y a quelque temps qu'un homme
de mes amis m'envoya cent pieces
d'argent; il eft mort, & j'ai voulu
remettre les cent onces d'argent à

son fils qui ne veut pas les recevoir: je vous prie de le mander,
& de lui rendre vous-même son argent.

Le gouverneur manda ce fils,
qui dit: Mon pere n'a envoyé cent
onces d'argent à personne.

Cette contestation dura quelque
temps; &, en l'apprenant, le docteur Yu-Vam dit: Que l'on se
trompe grofsièrement, & que l'on
débite une doctrine dangereuse,
lorsque l'on prétend qu'il n'y a
plus d'honnêtes gens! L'exemple
de ces deux hommes prouve bien
que les anciens avoient raison de
dire qu'il n'y a personne qui ne
puifse devenir un autre Yao & un
autre Chun.

Sun-Quam, qui avoit été pré-

cepteur du prince héritier, préfenta
une requête à l'empereur Si-Venti
pour lui demander la permifsion de
fe retirer. L'empereur la lui accorda , & lui donna 272 onces d'argent, auxquelles le prince héritier
en ajouta 530. Sun-Quam, de re-
tour dans fa patrie, avoit tous les
jours une table bien fervie, & in-
vitoit fes amis & fes parents. Ses
enfants, fâchés de cette profufion ,
dirent aux amis de leur pere : Nous
efpérions que notre pere , comblé
d'honneurs & de biens, fongeroit
à l'établifsement de fa famille, &
nous laifseroit un riche héritage,
& nous voyons qu'il difsipe fa fortune : nous vous prions de l'enga-
ger à faire des acquifitions en terres
ou en maifons, au lieu de dépenfer

son argent en festins & en fêtes.

Les amis s'acquitterent de leur commifsion, & voici ce que le pere répondit :

Mes enfants me prennent-ils pour un fou, ou pour un homme qui ignore ce qu'il doit à sa famille ? L'héritage que je leur laifserai suffira abondamment pour leur procurer une subfiftance abondante & commode, pour soutenir leur état : si j'augmente leur fortune, je les porterai à la parefse & à l'oifiveté. On dit ordinairement: Donner de grandes richefses au sage, c'eft affoiblir sa vertu; les donner à l'infenfé, c'eft augmenter ses vices. D'ailleurs les riches font odieux, parcequ'on les croit avares. Enfin cet argent que je dépenfe m'a été donné par l'empereur pour soulager & récréer ma vieillesse : n'est-il pas juste que j'en profite & que je remplisse ses intentions en me réjouissant avec mes parents & avec mes amis ?

Pam-Kum étoit un laboureur qui vivoit avec sa femme de la maniere la plus honnête, & comme deux hôtes respectables qui se seroient visités. Le prince Liu-Piao en entendit parler, & voulut les voir. Lorsqu'il arriva, Pam-Kum labouroit, & sa femme avec ses enfants arrachoit les mauvaises herbes.

Pam-Kum n'eut pas plutôt apperçu le prince, qu'il s'arrêta. Alors le prince, en lui montrant du doigt sa charrue & ses sillons, lui dit : Tandis que vous épuisez ainsi vos forces à tracer des fillons, au lieu de tâcher d'obtenir quelque charge, que comptez-vous laifser à vos enfants ?

Prince, dit le laboureur, il n'y a perfonne qui ne laiſse quelque chofe à fes enfants ; mais il y a fouvent beaucoup de différence dans ce qu'on leur laiſse. Il y en a qui laiſsent à leurs enfants l'agitation & les dangers ; je laiſserai aux miens le repos & la fécurité. Le prince, frappé de cette réponfe, s'en alla en foupirant, & Pam-Kum continua fon fillon.

Tao-Yven-Mim, gouverneur de la petite ville de Mim, envoyant un domeſtique à fon fils qui demeuroit ailleurs, lui écrivit : Comme il eſt difficile de préparer le matin & le foir tout ce dont on a un befoin indifpenfable, je vous en- voie un domeftique : traitez - le bien, & n'oubliez jamais qu'il eft fils d'un homme.

La famille de Cham-Kum-Y de- puis neuf générations habitoit & vivoit dans la même maifon ; & les trois familles impériales de Cy, de Hoéi, de Tam, l'avoient honorée des plus magnifiques éloges. Un jour l'empereur Liu-Té-Kao-Tfum, allant à la montagne *Tay-Nom* pour y offrir un facrifice, voulut voir la maifon qu'habitoit cette famille refpectable, & demanda au pere par quel moyen ou par quel art on avoit pu conferver fi long-temps la paix & la concorde dans la fa- mille. Le vieillard demanda un pinceau , & écrivit plus de cent fois la lettre qui ſignifie la patience.

Le docteur Van-Kum diſoit : On ſuit aſsez bien aujourd'hui les regles des anciens ſages pour le gouvernement domeſtique, & l'on doit cet avantage en grande partie à la famille Ly-Ham , dont les deſcendants , depuis pluſieurs ſiecles, demeurent tous dans la même maiſon, & n'ont qu'une cuiſine. Tous les revenus, ſoit des terres, ſoit des maiſons*. ſoit des charges , ſont en commun, & ne forment qu'une maſse d'où l'on tire tout ce qui eſt néceſsaire pour la ſubſiſtance, pour les mariages, pour les cérémonies des parents morts.

§. III.

Exemples modernes sur le soin avec lequel on doit veiller sur soi-même.

Un particulier demandoit un jour au mandarin Tin-Léum s'il n'y avoit point en lui quelque affection particuliere.

Je me souviens, répondit le mandarin, qu'un jour un homme m'offrit en présent un cheval qui faisoit mille stades en un jour ; je refusai le cheval : mais toutes les fois qu'il faut nommer aux charges, je me rappelle cet homme, auquel je n'ai pourtant jamais donné de charge. Le fils de mon frere étoit dangereusement malade, & j'allois le

T ij

voir dix fois pendant la nuit ; mais lorſque j'étois rentré dans ma chambre, je me rendormois tranquillement : aujourd'hui mon fils eſt légèrement incommodé, & je ne vais pas même le voir ; mais je ne peux dormir. Voyez ſi je peux dire que je me ſuis dépouillé de toute affection particuliere.

Le mandarin Lieu-Quon s'étoit tellement rendu maître de lui-même, que ſa tranquillité n'étoit pas altérée par les accidents ſubits & inattendus. Sa femme, pour faire naître en lui quelque ſentiment de colere, chargea une ſervante de renverſer la marmite aux pieds du mandarin lorſque, revêtu de ſon habit de cérémonie, il iroit à la cour, & de faire en ſorte que l'habit fût tellement gâté, que le mandarin ne pût s'y préfenter. La fervante exécuta ponctuellement les ordres de fa maîtreffe, & releva promptement fa marmite. Le mandarin, fans s'émouvoir, lui demanda fi elle ne s'étoit point brûlé la main, & rentra dans fon appartement.

Le mandarin Yam-Chin avoit procuré le gouvernement de la ville de Cham au lettré Vam-Mié. Quelque temps après le mandarin pafsa par cette ville ; le lettré s'empreſsa de venir le faluer, & lui offrit 100 onces d'argent.

Je vous connois depuis longtemps, dit le mandarin, & c'eſt pour cela que je vous ai propofé à l'empereur ; & vous, vous ne me connoifsez pas. Il eft nuit, reprit le gouverneur, & perfonne ne faura cette foible marque de ma reconnoifsance. Comment ! dit le mandarin, eft-ce donc que le Tien ne la faura pas ? eft-ce que les efprits ne la fauront pas ? ne la faurai-je pas moi-même ? ne la faurez-vous pas ? Le gouverneur fe retira confus.

Lorfqu'Yao-Kam, gouverneur de la ville de Quam-Chen, n'avoit point d'affaires, il portoit le matin cent briques hors de fa maifon, & les y rapportoit le foir, pour s'entretenir dans l'habitude de l'action & du travail. Devenu gouverneur, il apportoit la plus grande application pour remplir fes devoirs. Il étoit très attaché aux regles de la belle

urbanité & aux principes des bonnes
mœurs, & ne s'écartoit jamais des
loix de la modeftie. Il fut chargé
du gouvernement de la ville de
Kin-Chen ; & quoiqu'alors il fût
chargé d'une multitude d'affaires,
il les examinoit toutes par lui-même, répondoit à toutes les lettres
ou mémoires qu'on lui adrefsoit,
& cependant recevoit & traitoit à
merveille & avec la plus grande po-
litefse tous fes hôtes. Autrefois,
difoit-il, le prince Yn craignoit
de perdre une minute : combien un
homme ordinaire doit-il en être
plus avare ! & comment peut-il fe
permettre de jouer ! S'il voyoit que
les mandarins qui lui étoient fub-
ordonnés négligeafsent leurs devoirs pour des converfations où ils

s'exerçoient à faire de belles phrafes, pour le jeu, ou pour la table,
il alloit difperfer les afsemblées,
renverfer les tables, & jetter dans
la riviere les inftruments du jeu.
De tels inftruments, difoit-il, ne
conviennent qu'aux bouviers ou
aux vachers. Quant à ces grands
mots que débitent les fectaires de
Lao & de Chuam, ce n'eft qu'un
vain fon inutile pour la conduite,
parcequ'il ne peut apprendre la
doctrine des anciens empereurs.

Un homme fage ne fe permet
que des habits & une parure mo-
deftes & honnêtes, & eft toujours
modefte & grave. A quoi fert de
porter la tête haut, d'afpirer ardemment & vainement à la magnifi-
cençë, & de fe vanter comme un

homme qui possede de grandes con-
noissances & un grand génie ?

Kum-Kan, descendant de Confucius, avoit pour la justice la même ardeur que l'homme affamé
pour les aliments, ou le voluptueux
pour le plaisir, & il fuyoit les dignités comme l'homme foible évite
le travail.

Chum-Yn eut jusqu'à trois fois
la charge de général des troupes de
l'empire ; & cependant il n'eut jamais de beaux chevaux ou des habits parfumés. Lorsqu'il avoit quelques moments de loisir, il les em-
ployoit à la lecture. Il n'informoit
jamais l'empereur des présages qui
se répandoient dans le public. Il
avoit en horreur les sectaires, sur-
tout ceux de Foé & de Tao. Il pu-

nifsoit févèrement les fautes. Les
pauvres & les orphelins étoient
l'objet principal de fes foins. Les
greniers étoient toujours pleins de
riz & le tréfor fourni d'argent pour
le foulagement des peuples dans
les temps de famine. Il entretenoit
avec foin les hôtelleries publiques,
& traitoit magnifiquement fes hôtes. S'il fe trouvoit dans fon refsort
quelques filles pauvres, mais d'honnête famille, il leur faifoit époufer
des hommes honnêtes, & faifoit
les frais des noces.

Cham Ven-Cié, gouverneur de
la petite ville d'Ho-Yam, devint
premier miniftre de l'empire, &
vécut comme dans fa premiere dignité. Pourquoi, lui dit un de fes
amis, vivez-vous avec tant d'éco-

nomie dans une charge si éminente ?
On sait que vous ne vivez ainsi que
par un esprit de modération ; néan-
moins on vous compare au premier
ministre Kum - Sum , qui , étant
premier ministre de l'empire , faisoit lui-même son lit : ne seroit-il
pas plus à propos de vous confor-
mer un peu plus aux mœurs générales ?

Hélas ! repondit le premier ministre , il me seroit facile avec mes
revenus d'habiller mes domestiques
d'habits de soie & galonnés d'or ,
& de passer de l'économie à la prodigalité ; mais il me seroit très difficile de revenir de la prodigalité à
l'économie. Jouirai-je toujours des
revenus que j'ai aujourd'hui ? quand

trats ne peuvent la réprimer, au moins qu'ils ne l'autorifent pas.

Si les hommes favoient mordre les racines dures des légumes, il n'y a rien dont ils ne vinffent à bout.

F I N.

APPROBATIONS.

Nous commissaires nommés par l'assemblée de MM. les lecteurs & professeurs royaux pour l'examen d'un manufctit intitulé *le quatrieme Livre classique de l'empire de la Chine*, nommé *le Livre de Memcius*, par M. l'abbé PLUQUET, ancien professeur, avons jugé cet ouvrage digne de l'impression. Au college royal, ce dimanche 8 janvier 1786.

GARNIER. DUTEMS.

Vu l'approbation de MM. les commissaires, la compagnie a cédé son privilege à M. l'abbé PLUQUET, ancien professeur d'histoire & de morale au college royal. A Paris, ce 8 janvier 1786.

POISSONNIER, doyen.

Nous commissaires nommés par l'assemblée de MM. les lecteurs & professeurs royaux pour l'examen des deux derniers

V ij

La troisieme livraison eſt de trois volumes. Le premier & le ſecond contiennent la premiere & la ſeconde parties du *livre de Memcius* ; le troiſieme volume, le *livre de la piété filiale* par Confucius, & le *livre de l'école des enfants.* Ces trois volumes forment le Ve, le VIe & le VIIe vol.

Liste des ouvrages de M. l'abbé Pluquet qui se trouvent chez les mêmes libraires.

1°. Examen du fatalisme, ou exposition & réfutation des différents syltêmes de fatalisme qui ont partagé les philofophes fur l'origine du monde & fur le principe des actions humaines. 3 vol. in-12, reliés, 9 liv.

2°. Mémoires pour fervir à l'hiftoire des égarements de l'efprit humain par rapport à la religion chrétienne, ou Dictionnaire des héréfies, précédé d'un difcours dans lequel on examine quelle a été la religion primitive des hommes, les changements qu'elle a foufferts jufqu'à la naiffance du chriftianifme, les caufes générales, les liaifons & les effets des héréfies. 2 vol. in-8°, rel. 9 liv.

3°. De la fociabilité. 2 vol. in-12, rel. 5 liv.

4°. Traité philofophique & politique
fur le luxe. 2 vol. in-12 , rel. 6 liv.

5°. Les Livres claſſiques de l'empire de
la Chine. 7 vol. in-18 , pap. d'Annonay,
br. 28 liv.

Les mêmes, pap. comm. 12 liv. 12 ſ.

www.ingramcontent.com/pod-product-compliance
Ingram Content Group UK Ltd.
Pitfield, Milton Keynes, MK11 3LW, UK
UKHW021515090726
13657UKWH00001B/249